Lersch/von Haugwitz
Jackpot! Zwillinge?!

Petra Lersch ist Diplom-Psychologin und Mutter von Zwillingen. »Aus eigener Erfahrung weiß ich, wie turbulent und kunterbunt ein Leben mit Zwillingen sein kann, aber auch wie intensiv und doppelt beglückend.« Aus diesem Grund gibt sie seit 1999 gemeinsam mit Dorothee von Haugwitz in Kursen für werdende Zwillingseltern ihre Erfahrungen und ihr Wissen weiter.

Dorothee von Haugwitz ist seit 1992 Hebamme, hat ein Kind – und eine Zwillingsschwester! Nach ihrer Ausbildung arbeitete sie in verschiedenen Krankenhäusern. Seit 1995 übt sie ihre Tätigkeit in Geburtshilfe, Kursleitung, Vor- und Nachsorgeausschließlich freiberuflich aus. »Aus langjähriger Erfahrung weiß ich, dass gerade Zwillingsgeburten in vielerlei Hinsicht oft unnötig angstbesetzt sind. Diese Angst will ich den werdenden Eltern in unseren Kursen nehmen und sie bei allen Fragen und Ängsten unterstützen und ihnen zur Seite stehen.«

Anja Jahn, in der Nähe von Stuttgart geboren und aufgewachsen, arbeitet als Projektmanagerin in einem renommierten Stuttgarter Verlagshaus. Ihrer Liebe zum Zeichnen geht sie in ihrer Freizeit nach. »Ich habe schon immer gerne augenzwinkernde Illustrationen und Cartoons gezeichnet, die Ironie und Witz versprühen und jedem ein Schmunzeln auf die Lippen zaubern.« Anja Jahn ist Tante eines Zwillingspärchens und illustriert hier ihren ersten TRIAS-Titel.

Petra Lersch · Dorothee von Haugwitz

Zwillinge?!

Die 100 wichtigsten Fragen

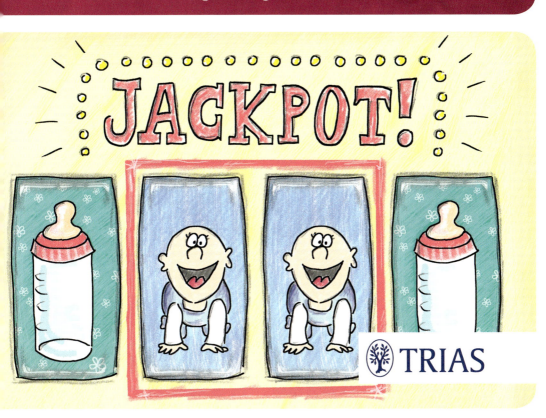

TRIAS

> **Beispielsfragen:**
>
> 13 Spürt ein Zwilling, wie es dem anderen geht?
> 17 Haben Zwillinge immer am selben Tag Geburtstag?
> 20 Laufen kleine Zwillinge immer in unterschiedliche Richtungen?
> 46 Kann ich die beiden Kinder im Bauch unterscheiden?

7 Liebe Leserinnen, liebe Leser	105 Herzlichen Glückwunsch, es werden 2!
9 **Zwillingsmythen**	105 Willkommen zu Hause!
33 **Herzlichen Glückwunsch, es sind zwei!**	107 Stichwortverzeichnis
69 **Willkommen zu Hause!**	
104 Danke	
105 **Service**	
105 Zwillingsmythen	

> **Exkurse**
>
> 18 Epigenetik macht den Unterschied
> 60 Ein paar Fakten zu Zwillingen
> 78 Zwillingsimpressionen

Liebe Leserinnen, liebe Leser,

seit 1999 haben uns die vielen Familien, die unsere Kurse besuchten, unzählige Fragen zum Thema Zwillinge gestellt. Wir erinnern uns selbst an Fragen, die Großeltern, Freunde und Bekannte und uns selbst bewegten und immer wieder einmal beschäftigen.

Wie ist das denn nun mit den Fingerabdrücken bei eineiigen Zwillingen? Können Zwillinge an zwei verschiedenen Tagen Geburtstag haben?

Wir haben in diesem Buch wichtige, verblüffende, lustige und ungewöhnliche Fragen zu Zwillingen für Sie gesammelt und beantwortet – mal aus Sicht der Zwillingsmutter oder Zwillingsschwester, mal aus Sicht der Psychologin oder Hebamme. Wir haben viel erfahren bei unseren Recherchen und sind aufs Neue fasziniert von der Welt der Zwillinge.

Je länger wir mit Zwillingsfamilien arbeiten und je intensiver wir uns mit Zwillingen beschäftigen, desto entschiedener kommen wir zu dem Schluss: Zwillinge sind zweifach einzigartig!

Lassen Sie sich also ein auf das Abenteuer: Leben mit einem Doppelpack. Genießen Sie Kinder hoch zwei und bleiben Sie gelassen!

Petra Lersch und Dorothee von Haugwitz

Zwillingsmythen

Zwillinge sind etwas Besonderes. In früheren Zeiten wurden sie verehrt oder gefürchtet. Doch nicht alles, was ihnen nachgesagt wird, trifft auch zu.

Lernen Zwillinge sich schon im Bauch kennen?

Petra:
>> Vermutlich fragen sich dies alle werdende Zwillingsmütter bei jeder Bewegung, die sie in ihrem Innern spüren. Auch ich habe mir während der Schwangerschaft diese Frage gestellt. Was für ein Wunder, dass diese zwei Menschen gemeinsam in einem Bauch heranwachsen – wie sollen sie sich nicht kennenlernen in dieser langen gemeinsamen Zeit auf engstem Raum? Faszinierend die Vorstellung, wie die beiden über das Leben nach der Geburt diskutieren, wie es in einer Geschichte des niederländischen Priesters und Psychologen Henri M. Nouwen (1932–1996) beschrieben wird. Doch wir werden es nie genau wissen und können nur Vermutungen anstellen. Eine Studie aus dem Jahr 2010 kommt zu dem Schluss, dass Zwillinge sich im Mutterleib zielgerichtet berühren und Kontakt zueinander aufnehmen. Geburtshelfer stellen auch fest, dass die Herztöne des zweiten Kindes nach der Geburt des ersten Kindes oft ein wenig abfallen. Vieles spricht dafür, dass Zwillinge sich im Mutterleib gegenseitig wahrnehmen und der andere zur vertrauten Umgebung gehört. Ist es nicht schön, sich vorzustellen, wie beide Babys gemeinsam im Bauch Spaß haben, wenn wir den nächsten Tritt spüren? <<

Dorothee:
>> Meine Zwillingsschwester und ich haben uns nie wirklich ähnlich gesehen. Wir wurden und werden noch nicht einmal für Geschwister gehalten. Aber das Wissen darum, im Bauch unserer Mutter miteinander gewachsen zu sein, hat uns nicht nur fasziniert, sondern wir haben es immer als etwas ganz Besonderes empfunden. Genauso berührt uns die Tatsache, dass wir in derselben Stunde geboren wurden und unsere Kindheit so eng miteinander verbracht zu haben. Wir kennen uns gefühlt schon ewig – und das ist einfach ein unbeschreiblich schönes Gefühl. <<

Wollen Zwillinge immer dasselbe?

Petra:

>> Nanni: »Ich hasse Hockey! … Und ich liebe klassische Musik, weil mir das was gibt, was mir Hockey bestimmt niemals geben wird. Mein ganzes Leben war ich immer nur die Hälfte von Hanni und Nanni … Aber hier ist es anders. Hier bin ich Nanni, 100 Prozent …, die Cello spielt.«
Hanni: »Cello? Du kannst doch gar nicht Cello spielen.«
Nanni: »Oh doch. Während deines blöden Hockeyspiels werde ich an der Orchesteraufnahmeprüfung teilnehmen und endlich mal was machen, was mir Freude macht.«
So weit eine Szene aus »Hanni und Nanni, der Film Teil 1«. Als ich dies gesehen hatte, fragte ich einen meiner Söhne: »Hey, würdest du Fußball spielen, weil dein Bruder Fußball spielt, auch wenn es dir keinen Spaß macht?« Ein verständnisloser Blick traf mich: »Warum sollte ich das tun?« Da war ich beruhigt. Ziel erreicht. Sogar eineiige Zwillinge mit identischem Erbgut wollen vielleicht oft, aber sicher nicht immer dasselbe. Sie als Eltern können die Umgebung schaffen, in der jeder das tut, was ihm selbst gefällt. Wie? Indem Sie beide als eigenständige Persönlichkeiten sehen und behandeln. Dann ist es einfach normal, dass eine Cello spielt, während die andere zum Hockeytraining geht.

Dorothee:

>> Wir wollen beide, dass es der anderen gut geht und dass die eine am Leben der anderen Anteil nimmt. Aber zum Wohlfühlen braucht jede etwas anderes. Wir hatten immer unterschiedliche Vorlieben und zugleich Dinge, die wir gemeinsam gemacht haben. Wir lieben beide Jazzmusik, sind richtige Kaffeetanten und gucken gerne skurriles Programmkino – ich esse dazu Schokolade und schwinge das Tanzbein, meine Schwester mag lieber Käse und liest. Unsere Kinder fühlen sich bei »der Tante« wie zu Hause und das gefällt uns beiden!

Zuerst geboren — später dominant?

Petra:
>> Das könnte man meinen, immerhin hat es sich die Pole-Position erkämpft! Andererseits glaubt das Volk der Yoruba, das in Westafrika zu Hause ist, dass eigentlich der Zweitgeborene der Boss ist und dieser den Erstgeborenen nur vorschickt. Mehr dazu bei der Frage »Kann ich mir bei einem Kaiserschnitt wünschen, welches Kind als erstes geholt wird?« (Seite 54).

Eindeutige wissenschaftliche Belege für die Dominanz des Erstgeborenen gibt es nicht und auch nach Alltagsbeobachtung scheint nicht der Erstgeborene immer das Kommando zu geben.

In unserem Fall kann man überhaupt nicht davon sprechen, dass es einen dominanten Zwilling gibt, unsere Söhne haben sich früher geradezu abgewechselt beim »Ton-Angeben«. Heute hat jeder seine Stärken und Schwächen, beide machen viel gemeinsam, aber nur, weil sie es wollen, und nicht, weil einer den anderen dominiert und über ihn bestimmt. Natürlich kennen wir aus unseren Kursfamilien auch Fälle, bei denen ein Zwilling der klar dominantere ist, aber ein statistisch haltbarer Zusammenhang mit der Geburtenfolge ist da nicht herstellbar. ◂

Dorothee:
>> Ich erlebe in der Betreuung von Zwillingsfamilien häufiger, dass Eltern das dominantere Verhalten gerne schon vom ersten Tag an in eines der Kinder hineininterpretieren. »Der Peter ist der Größere, der wird im Leben vorangehen, der meldet sich immer als Erster und ist auch viel lauter. Das Paulchen hingegen ist so zart, der ist ein Feingeist, der eignet sich nicht für eine Führungsrolle«. Natürlich hilft diese Rollenzuweisung Zunächst vordergründig dabei, Zwillinge zu individualisieren. Ich gebe den Eltern aber immer zu bedenken, dass sie ihren Kindern wichtigen Entwicklungsspielraum nehmen, wenn sie die Kleinen in Schubladen stecken. ◂

Spürt ein Zwilling, wie es dem anderen geht?

Petra:
》 Schmerzen an der Stelle, an der der weit entfernte Zwilling sich verletzt, innere Unruhe, wenn dem anderen auf der anderen Seite des Erdballs Gefahr droht. Auch bei unseren Befragungen sind es vor allem eineiige Zwillingspaare, die von solchen Erlebnissen berichten. Allerdings erinnern sich auch viele an nichts dergleichen.

Zwillinge verbringen viel Zeit miteinander und kennen sich sehr gut. Von einem starken intuitiven Verständnis, das ohne Worte auskommt, berichten viele Zwillingspaare, egal ob eineiig oder zweieiig. Ebenso von starkem Mitfühlen, wenn es dem einen gut oder schlecht geht.

Wir Zwillingseltern, von denen selbst keiner Zwilling ist, stehen oft fassungslos vor dieser inneren Nähe. Auch Studien, wie die Minnesota-Studie von Bouchard, die bei getrennt aufgewachsenen, eineiigen Zwillingen Übereinstimmungen von der bevorzugten Biermarke bis zum Vornamen der Ehefrauen fand, lassen uns staunend zurück. Seien Sie einfach gespannt auf Ihre beiden und notieren Sie, wenn beide im gleichen Pulli aus dem Zimmer kommen oder der eine sich stark konzentriert, damit der andere die zu wiederholende Prüfung schafft. Ihre Kinder werden sich immer wieder, egal wie alt, freuen, von solchen Begebenheiten zu hören! 《

Dorothee:
》 Ich hatte gerade bemerkt, dass ich schwanger war, und stellte mir vor, ein kleines schwarzhaariges Mädchen auf die Welt zu bringen. Da rief mich meine zweieiige Zwillingsschwester an, um mir von ihrem Traum zu erzählen, in dem ich sie mit meinem blonden Söhnchen besuchte. Sie wusste bis dahin noch nichts von meiner Schwangerschaft – und sie sollte Recht behalten: Ich bekam einen blonden Jungen – und wir besuchen meine Schwester heute noch gerne gemeinsam. 《

Streiten Zwillinge dauernd – oder nie?

Petra:
>> Streiten? Wenn meine Söhne morgens um sieben schubsend und keifend die Treppe herunterkamen, ging mir die Hutschnur hoch: »Hört auf zu streiten!« war der Standardsatz. Verständnislose Blicke meiner Kinder, ein amüsiertes Lächeln auf dem Gesicht meines Mannes: »Petra, das ist normal, das ist kein Streiten.« Für ein Einzelkind wie mich hört sich das aber eben an wie Streit. Mittlerweile sagen meine Kinder routinemäßig in solchen Situationen zu mir: »Mama, du kannst das nicht beurteilen, weil du keine Geschwister hast. Wir diskutieren gerade nur etwas aus.« Will sagen: Offensichtlich hängt es sehr vom Auge des Betrachters ab, ob Kinder streiten oder nicht.

Seien Sie versichert: Zwillinge streiten nicht mehr und nicht weniger als andere Geschwister auch. Es gibt Geschwister, die sind ein Herz und eine Seele, und es gibt solche, die man besser nicht gemeinsam allein in einem Raum zurücklässt. Wie Ihre beiden sich verhalten werden, lässt sich leider oder Gott sei Dank nicht voraussagen. Mit »Katz und Maus in einem Haus« fühlen Sie sich aber sicher mitunter zu Recht an Ihre Grenzen gebracht. Dauert dieser Zustand zu lange an, kann eine Erziehungsberatung helfen, angemessen mit der Situation umzugehen.

Doch wünschen wir uns Zwillinge, die 24 Stunden am Tag in vollendeter Harmonie leben und einander immer genug sind? Nein, auch hier würden wir uns irgendwann Sorgen machen, dass da doch irgendetwas nicht stimmen kann – es ist halt nichts perfekt! <<

Dorothee:
>> Meine Zwillingsschwester und ich haben wirklich niemals gestritten. Aber jede von uns mit den anderen beiden Geschwistern umso mehr. Davon zeugen große, mit Zauberbonbons gefüllte Gläser mit der Aufschrift »Gegen Streitsucht«, die meine Mutter von einer guten Fee geschenkt bekam. <<

Verlieben sich Zwillinge in den gleichen Typ?

Petra:

》 Eine Statistik gibt es nicht, ich kann aus eigener Anschauung noch nichts dazu sagen, also habe ich Zwillinge direkt befragt. Die kurze Antwort: Einige Zwillinge sagen, dass sie sich in Menschen ähnlichen Typs verlieben. Andere wiederum verneinen ähnliche Vorlieben bei der Partnerwahl völlig. Manche berichteten, dass die Person, in die sich der eine Zwilling verliebt, für den anderen tabu sei.

Im Kinofilm »Hanni und Nanni 2« endet die erste große Liebe zu demselben Jungen damit, dass er aus den Herzen beider Mädchen geworfen wird und die Schwestern wieder ein Herz und eine Seele sind. So einfach würde das wahre Leben sicherlich nicht funktionieren – oder doch? ◂

Dorothee:

》 Mit meinem jetzigen Schwager bin ich versöhnt, ich hätte mich aber von keinem der Freunde und Verehrer meiner Zwillingsschwester zu einem »Dinner for two« einladen lassen – sie waren nicht mein Typ. Meiner Zwillingsschwester erging es ähnlich. Mit meinem ersten Freund hat sie anstandshalber ein paar Worte gewechselt und mich nur kopfschüttelnd gefragt, ob »das« mein Ernst sei. ◂

Heiraten Zwillinge häufig Zwillinge?

Petra:
›› Es scheint nicht so häufig zu sein, dass Zwillinge Zwillinge heiraten, auch wenn man immer mal wieder liest, dass dies vorkommt. Wenn überhaupt, ist dies wohl eher bei eineiigen Zwillingen der Fall, die sich sehr mit ihrem Zwilling-Sein identifizieren. Es müssen ja viele Faktoren zusammenkommen, damit eine solche Konstellation überhaupt möglich ist. Zunächst einmal muss man erst einmal ein anderes Zwillingspaar finden – dies klappt am ehesten auf Zwillingstreffen. Das andere Zwillingspaar muss ebenfalls auf der Suche sein, beiden Zwillingen gefallen – und umgekehrt – und schließlich und endlich muss der berühmte Funke noch überspringen. Ganz schön viele Zufälle!

Ebenso untypisch, wenn auch hin und wieder in den Medien hervorgehoben, sind Zwillinge, die lieber miteinander als mit einem Partner alt werden. Was aber viele verheiratete eineiige Zwillinge durchaus zugeben: Es ist für den Partner nicht immer einfach, denn die engste Bezugsperson für einen Zwilling bleibt in ganz vielen Fällen der Mensch, den man schon von Geburt an kennt! ‹‹

Dorothee:
›› Der erste Freund meiner Zwillingsschwester hat mich schon fast eifersüchtig gemacht – da verbringt die engste Vertraute auf einmal lieber Zeit mit so einem pickeligen Schnösel – pah! Außerdem war bis dahin der Plan: Wir gehen in die große weite Welt und behalten unsere Freiheit – Heiraten ist was für Spießer. Aber weit gefehlt – meine Zwillingsschwester heiratete im zarten Alter von nur 23 Jahren mit allem drum und dran. Meinen Schwager mag ich mittlerweile sehr gerne – und wir Geschwister planen jetzt die Silberhochzeit meiner Zwillingsschwester. Das wiederum findet sie jetzt spießig. ‹‹

Haben Zwillinge immer am selben Tag Geburtstag?

Petra:

» »Natürlich« wäre die spontane Antwort! Doch bei näherer Betrachtung gibt es viele Möglichkeiten, wie es kommt, dass Zwillinge an verschiedenen Tagen geboren sind. Die naheliegendste Variante: Die Geburt liegt um Mitternacht herum, sodass das erste Kind kurz vor, das zweite Kind kurz nach Mitternacht auf die Welt kommt. Ist dies am 31.12. der Fall, haben die Zwillinge in verschiedenen Jahren Geburtstag. Bei einer Zwillingsgeburt am 31.12.2000 könnten die Kinder schließlich in verschiedenen Jahrtausenden zur Welt gekommen sein.

Ganz selten ist der Fall der »Miracle Twins«, die im Abstand von 87 Tagen zur Welt kamen und damit im Guinness-Buch der Rekorde stehen. Nach einem Blasensprung in der 24. Woche wurde Amy geboren. Da die Wehen trotz aller ärztlichen Bemühungen ausblieben, beschloss man, die Zwillingsschwester im Bauch der Mutter zu belassen. So kam Katie erst in der 36. Woche auf die Welt.

Wie damit umgehen? Manche bevorzugen getrennte Feiern an den »richtigen« Geburtstagen, meine Söhne würden trotzdem zusammen feiern wollen. Katholische Familien können auf den Namenstag als Feiertag zurückgreifen. Entscheiden Sie, falls es bei Ihnen dazu kommen sollte, ganz nach Ihrem Gefühl!

Dorothee:

» Kürzlich habe ich erwachsene Zwillinge kennengelernt, die an unterschiedlichen Tagen Geburtstag haben. Beide feiern mit ihren eigenen Freunden an ihrem jeweiligen Geburtstag, der andere Zwilling ist dabei natürlich »Ehrengast«. Die Familie allerdings wird seit frühester Kindheit traditionell zum gemeinsamen Fest am Wochenende nach den Geburtstagen eingeladen.

Epigenetik macht den Unterschied

»Gleich und doch anders« – die moderne Molekulargenetik kann heute erklären, warum selbst eineiige Zwillinge nicht immer so gleich sind, wie man vermutet.

Eineiige Zwillinge gleichen sich wie das sprichwörtliche Ei dem anderen. Sie verfügen über ein zu 100 Prozent identisches Erbmaterial – und doch sind beide ganz individuelle Persönlichkeiten. Für die größtmögliche Individualität der beiden sorgt die Natur selbst!

Die Epigenetik, ein Spezialgebiet der modernen Biologie, hat herausgefunden, dass chemische »Anhängsel«, z. B. Methyl- und Acetylgruppen, an der DNA die Funktion eines Gens verändern können. Wie bei einem Lichtschalter können so Gene bzw. Merkmale ein- oder ausgeknipst werden. Umwelteinflüsse, wie Ernährung, Rauchen oder Sport, beeinflussen das Anheften dieser Anhängsel, es kann aber auch rein zufällig passieren. Die DNA an sich bleibt dabei unverändert.

Haben eineiige Zwillinge die gleichen Begabungen und Talente?

Die Chance dafür ist groß, wie wir an den Fußballprofis Lars und Sven Bender sehen können. Hätte ein Anhängsel an der DNA eines der Zwillinge allerdings für das Deaktivieren der Fußballbegabung gesorgt, wäre nur einer der beiden als Fußballer berühmt geworden. Die eineiigen Zwillinge Bill und Tom Kaulitz sind beide Profimusiker der Gruppe Tokio Hotel, aber nur Bill war von Karl Lagerfeld als Dressman gefragt.

Bekommen eineiige Zwillinge immer die gleichen Krankheiten?

Nein, mit Krankheiten verhält es sich genauso wie mit Begabungen. Es kann sein, dass beide Zwillinge zum Beispiel an einer vererbbaren Schilddrüsenfunktionsstörung erkranken. Es kann aber auch sein, dass nur ein Zwilling damit zu tun hat, wenn ein epigenetischer Schalter dieses Gen bei dem anderen quasi ausgeknipst und damit deaktiviert hat.

Sind Augenfarbe, Finger- und Fußabdrücke bei eineiigen Zwillingen gleich?

Normalerweise ja – wären da nicht diese kleinen Anhängsel an der DNA, die für mehr Individualität sorgen. Es gibt tatsächlich eineiige Zwillinge, die sich in der Augenfarbe unterscheiden. Finger- und Fußabdrücke sind nur dann identisch, wenn sich die befruchtete Eizelle teilt, nachdem die charakteristischen Linien der Fingerkuppen und Fußsohlen schon in ihrer Anlage vorhanden sind.

Können eineiige Zwillinge auf jeden Fall kriminaltechnisch voneinander unterschieden werden?

Mittlerweile ja. Wissenschaftler haben einen Gentest entwickelt, der auch extrem seltene Veränderungen der DNA feststellen kann. Für diesen Test ist eine Speichelprobe ausreichend. Schlechte Zeiten für eineiige Zwillinge, denen eine Karriere à la »Panzerknacker« vorschwebte.

Laufen kleine Zwillinge immer in unterschiedliche Richtungen?

Petra:

›› Ja, das tun Zwillinge, die gerade laufen lernen, sehr häufig. Schließlich sind es zwei Kinder, die es genießen, ihre neu gewonnene Mobilität auf zwei Beinen zu nutzen. Dabei gefallen dem einen vielleicht die Blumen in Nachbars Garten, während der andere mehr von den Autos auf der Straße fasziniert ist. Gut so, denn das zeigt uns Eltern doch ihre Individualität!

Doch Kinder sind noch eine ganze Weile, nachdem sie laufen gelernt haben, nicht in der Lage, Gefahren abzuschätzen. Keine Angst, Sie werden trotzdem allein mit beiden Kindern unterwegs sein.

Wenn Sie pünktlich irgendwo ankommen müssen, benutzen Sie den Kinderwagen. Haben Sie Zeit, dann lassen Sie beide zu Fuß die Welt erkunden. Am besten in einer Gegend, in der keine Gefahren drohen. Mit Zwillingen zu Fuß allein unterwegs zu sein heißt, jeden fest an einer Hand zu haben und klar zu signalisieren: Jeder bleibt an seinem Platz. Ich habe es mir vorher nicht vorstellen können, es klappte sogar mit drei Kindern: meine Tochter im Kinderwagen, zwei Dreijährige links und rechts am Griff des Kinderwagens – mein Mann hatte dies mit den beiden wunderbar an einem Wochenende eingeübt. ◀

Dorothee:

›› Zu meinen schönsten Kindheitserinnerungen gehört der alljährliche Ausflug auf den Martinsmarkt. Meine Mutter hatte in der Regel frei, wenn mein Vater gut gelaunt mit uns vieren losmarschiert ist. Ich sehe uns noch gemeinsam im Menschengewühl verschwinden: mein zweieinhalb Jahre jüngerer Bruder auf dem Arm meines Vaters, meine Zwillingsschwester, meine 11 Monate ältere große Schwester und ich uns aufgeregt an den Händen haltend. In all den Jahren ist nie einer von uns verloren gegangen – und es gab die leckerste Zuckerwatte der Welt. ◀

Verstehen sich eineiige Zwillinge besser als zweieiige?

Petra:
100 Eltern – 100 verschiedene Meinungen! Deshalb ein Blick auf die spannende Untersuchung von Meike Watzlawik »Sind Zwillinge wirklich anders? Geschwister in der Pubertät«. Sie befragte eineiige Zwillinge, zweieiige gleichgeschlechtliche Zwillinge, Zwillingspärchen und Geschwister, die maximal zwei Jahre Altersabstand hatten. Die Ergebnisse zeigen: So sehr unterscheiden sich Zwillinge und Geschwister mit geringem Altersabstand nicht.

In der Pubertät werden alle Geschwister immer unabhängiger voneinander. Zwillingspärchen streben stärker auseinander, je mehr sie sich ihrer eigenen Persönlichkeit bewusst werden. Die Ausnahme sind eineiige Zwillinge, die sich offensichtlich problemlos einander nah fühlen und dabei trotzdem ihre eigene Identität entwickeln. Dazu passt, dass eineiige Zwillinge gerne betonen, wie ähnlich sie einander sind. Außerdem verbringen sie mehr Zeit miteinander als die anderen befragten Geschwisterpaare. Hinweise auf Konkurrenzdenken untereinander, das man bei so viel Ähnlichkeit und Nähe vermuten könnte, gibt es nicht.

Das klingt, als ob sich tatsächlich eineiige Zwillinge besser verstünden als zweieiige. Doch Vorsicht! Jedes Geschwisterpaar ist letztendlich einzigartig und aus der Befragung kann man nur Wahrscheinlichkeiten ableiten. Lassen Sie sich deshalb von den Erzählungen und Prognosen anderer nicht verrückt machen, warten Sie einfach ab, wie Ihre Beiden sich entwickeln werden!

Dorothee:
Besser, als wir zweieiigen Mädels uns schon immer verstanden haben, kann man sich eigentlich gar nicht verstehen. Das Einzige, was unsere Vorstellungen hätte »toppen« können, wäre, wenn wir uns so richtig ähnlich gesehen hätten.

Wie gut können sich Zwillinge auf andere Menschen einlassen?

Petra:
» Haben Sie Geschwister? Dann wissen Sie, wie schön es war, immer einen Spielpartner in der Nähe zu haben und gleichzeitig, wie nervig es auch manchmal sein konnte, immer genau diesen einen um sich herum zu haben. Nicht anders geht es Zwillingen. Gleichgeschlechtliche Zwillinge haben oft gemeinsame Interessen. Doch es gibt den tanzenden Jungen mit dem fußballspielenden Zwillingsbruder. Pärchen entwickeln sich meist geschlechtsspezifisch auseinander – manchmal aber eben auch nicht. Verwirrt? Ja, das kann man sein. Denn es lässt sich einfach nicht vorhersagen, wie viel Interesse Zwillingskinder an anderen Menschen zeigen werden. Zwillinge haben wie alle Geschwister weniger Not als Einzelkinder, andere Spielpartner zu finden, es ist ja immer einer da. Je mehr sich Interessen auseinanderentwickeln, desto mehr wird auch das Interesse an anderen Kindern, die die gleichen Vorlieben haben, wachsen. Gut ist es, eigenständige Initiativen zu unterstützen, auch wenn es anstrengender ist, ein Kind zum Tanzen und eines zum Fußball zu bringen. «

Dorothee:
» 17 Jahre haben meine Zwillingsschwester und ich uns ein Zimmer geteilt und bis auf die unterschiedlichen Vorlieben, mit oder ohne geschlossene Rollläden zu schlafen, eine sehr harmonische Kindheit miteinander verbracht. Vieles gemeinsam machen zu können, gibt mächtig viel Rückendeckung. Mit noch zwei weiteren Geschwistern hatten wir zu Hause immer eine gute Auswahl an Spielgefährten. Trotzdem hat jede von uns heute einen eigenen Freundeskreis, eigene Hobbys und eine eigene Familie. Beruflich machen wir heute ganz unterschiedliche Dinge, die allerdings sehr viel damit zu tun haben, sich auf andere Menschen einzulassen. «

Sprechen Zwillinge miteinander in einer eigenen Sprache?

Petra:

» Die Zwillingssprache geistert immer wieder als DAS Merkmal gerade eineiiger Zwillinge durch die Medien. Bis in die Pubertät unterhalten Zwillinge sich angeblich in einer Geheimsprache und schotten sich damit komplett gegen die Außenwelt ab. Natürlich hat mich diese Aussicht als werdende Mutter von eineiigen Zwillingen beunruhigt! Meine Söhne haben sich tatsächlich ungefähr bis zur Mitte des dritten Lebensjahres reizend miteinander unterhalten, mit Punkt und Fragezeichen, Lachern und Intonation. Mal klang es eher russisch, mal eher arabisch, aber immer war es für uns Erwachsene völlig unverständlich. Seit ihrem dritten Geburtstag unterhalten die beiden sich mit allen, egal ob mit dem Bruder oder Erwachsenen, auf Deutsch und nichts erinnert mehr an das Kauderwelsch der frühen Kindheit.

Fakt ist: Rund 40 Prozent aller Zwillinge, häufiger eineiige als zweieiige, erfinden eine eigene, autonome Sprache. Mit zunehmendem Alter verliert sich dieses Phänomen, das seltener auch bei Geschwistern unterschiedlichen Alters auftritt. Bei den über 500 Familien, die wir in unseren Kursen betreut haben, ist mir kein Fall bekannt, in dem die Geheimsprache beibehalten worden wäre! «

Dorothee:

» Mich als zweieiige Zwillingsschwester haben wahre Geschichten über eineiige Zwillinge wie die von June und Jennifer Gibbons aus dem Buch »Die schweigsamen Zwillinge« immer schon fasziniert. Ab ihrem vierten Lebensjahr reden die Schwestern nur in einer Geheimsprache miteinander, ansonsten schweigen sie – auch den Eltern gegenüber. Wir haben das nicht gemacht. Nur gemeinsam mit unseren Geschwistern benutzten wir manchmal eine für Erwachsene unverständliche Geheimsprache – und haben uns königlich darüber amüsiert. «

Entwickeln sich Zwillinge langsamer als Einzelkinder?

Petra:

>> Dies ist ein häufiges Vorurteil, das sich nach unseren Beobachtungen so nicht halten lässt. Häufig werden Äpfel mit Birnen verglichen: Bei Frühgeborenen geht man im Entwicklungsverlauf immer vom errechneten Entbindungstermin und nicht von dem tatsächlichen Geburtstag aus, egal ob Einling oder Zwilling. Vergleicht man also frühgeborene Zwillinge mit reif geborenen Einlingen, stellt man eine Entwicklungsverzögerung fest – die aber keine ist!

Entwicklung passiert in weit gefassten Zeiträumen. Kinder erlernen zum Beispiel in der Regel zwischen 12 und 18 Monaten das selbstständige Gehen. Wir kennen keine Studie, die eine generelle Entwicklungsverzögerung einzig aufgrund des Zwilling-Seins belegt. Nur die Sprachentwicklung verläuft häufig etwas langsamer. Dies hat weder mit mangelnder Intelligenz noch mit fehlender sprachlicher Anregung durch Zwillingseltern zu tun, wie ab und an behauptet wird, sondern eher damit, dass Ihre Kinder einen wunderbaren, gleichaltrigen »Gesprächspartner« und damit wenig Not haben, sich mit Erwachsenen in deren Sprache zu verständigen. Seien Sie beruhigt, auch Ihre Zwillinge werden »richtig« sprechen lernen ebenso wie meine, die urplötzlich kurz vor dem dritten Geburtstag fast druckreif über Busse, Autos und Taxis schwadronierten!

Dorothee:

>> Meine Zwillingsschwester und ich haben zeitgerecht laufen und sprechen gelernt und sind ganz normal mit sechs Jahren eingeschult worden. Meine Zwillingsschwester konnte sogar zur Einschulung fließend lesen, wovon ich natürlich auch profitiert habe. Unsere große Schwester ist nur knappe elf Monate älter als wir. Sie wurde bereits mit fünf Jahren eingeschult, damit wir nicht zu dritt eine Klasse besuchen.

Schadet es, wenn man gleichgeschlechtliche Zwillinge gleich anzieht?

Petra:

›› Solange Ihre Kinder noch nicht selbst vor dem Kleiderschrank überlegen, was sie heute anziehen wollen, spricht nichts dagegen, sie auch einmal gleich anzuziehen. Oder wollen Sie immer vor der Frage stehen: Wem ziehe ich heute den wunderschönen gepunkteten Strampler an und wem den akzeptablen, aber etwas verlotterten Streifenbody?

Meine Kinder haben sich im Alter von drei Jahren um einen Pulli geradezu geschlagen, den wir leider nur einmal gekauft hatten. Später haben sie selbst entschieden, welchen Pulli sie anziehen wollten. Mal war es der gleiche, mal ein unterschiedlicher. Gut so! ‹‹

Dorothee:

›› Meine Schwester und ich hassten es, gleich angezogen zu werden. Wir wurden oft nicht einmal für Geschwister gehalten. Meine Schwester war groß, kräftig und blond, ich zart und schwarzhaarig. Klamotten bekamen wir immer in der gleichen Größe geschenkt – die waren unpassend für uns beide, wir kamen uns vor wie die Kinderausgabe von »Dick und Doof«. Heute allerdings passiert es häufiger, dass wir zufällig die gleichen Kleider tragen, und wir müssen darüber lachen. ‹‹

Bekommen Zwillingsmamas beim nächsten Mal wieder Zwillinge?

Dorothee:

›› Wir haben lange darauf gewartet, bis wir endlich eine Familie in unsere Statistik aufnehmen konnten, die ein zweites Mal Zwillinge bekommen hat! Nach zwei Töchtern, die im Abstand von knapp drei Jahren auf die Welt kamen, wurde das erste Zwillingspärchen geboren und fünf Jahre später das Zweite. Die Familie lebt jetzt glücklich zu acht – und fühlt sich komplett. Unter den mittlerweile 560 Familien, die wir in den letzten 14 Jahren betreut haben, ist es allerdings auch die einzige Familie geblieben.

Im Jahre 2012 wurde eine Britin das zweite Mal Mutter von Zwillingen, die Wahrscheinlichkeit für solch einen Zufall beträgt 1 : 500 000. 2011 hat eine Wienerin das dritte Mal Zwillinge geboren – geradezu unglaublich außergewöhnlich. Es lohnt sich nicht, sich allzu großes Kopfzerbrechen über die Wahrscheinlichkeit zu machen, nach der Geburt von Zwillingen erneut Mehrlinge zu bekommen. Sie können getrost Ihre Familienplanung weiterverfolgen und sich mit dem Gedanken anfreunden – es könnte ein Einling werden. ‹‹

Petra:

›› Als meine zweite Schwangerschaft festgestellt wurde, fragten wir uns: »Was machen wir, wenn es wieder Zwillinge werden?« Bonnern fällt sofort die ehemalige Oberbürgermeisterin Bärbel Dieckmann ein, deren zwei Zwillingspaare im Abstand von 1,5 Jahren auf die Welt kamen. Wir haben die Gynäkologin mehrfach gebeten, sehr genau zu schallen! Was wir gemacht hätten, wenn es doch so gekommen wäre? Ein größeres Auto besorgt, das Haus umgeräumt und generalstabsmäßig geplant, wie wir das »wuppen« können. Aber ehrlich gesagt, waren wir schon froh, dass uns genau eine wunderbare Tochter beschert worden ist. ‹‹

Bekommen Zwillinge später auch Zwillinge?

Petra:
>> Das würden dann viele Enkel werden, wenn es so wäre ... Allerdings kenne ich viele erwachsene Zwillinge, die selbst keine Zwillinge bekommen haben, und in unseren Kursen sind es doch vergleichsweise wenige werdende Zwillingseltern, die selbst ein Zwilling sind. Was sagt die Wissenschaft dazu?

Nur bei zweieiigen Zwillingen gibt es familiäre Häufungen. Ob mehrere Eizellen pro Zyklus springen, wird ausschließlich über die Frauen vererbt, die Männer haben damit nichts zu tun. Eltern, die zweieiige Töchter oder ein Pärchen bekommen, können hoffen.

Für Eltern zweieiiger Söhne bleibt noch eine späte Chance, nämlich die, Urgroßeltern von Zwillingen zu werden. Bekommt einer der Söhne eine Tochter und gibt die genetische Disposition für den doppelten Eisprung an sie weiter, können Zwillings-Urenkel auf die Welt kommen. Eineiige Zwillinge hingegen entstehen zufällig und spontan, es bildet sich offenbar kein Muster heraus. Für uns als Eltern eineiiger Söhne stehen also wissenschaftlich gesehen die Chancen auf Zwillingsenkel eher schlecht. Wir müssen einfach Glück haben. Aber warten wir's ab.

Dorothee:
>> Als ich selbst schwanger war, habe ich eigentlich fest damit gerechnet, Zwillinge zu bekommen. Ich erinnere mich an ein Gefühl von enttäuschter Erleichterung, als nur ein Kind im Ultraschall zu sehen war. Meiner Zwillingsschwester ging es ähnlich – allerdings erlebte sie die Enttäuschung beim zweiten Kind größer – sie hat sich immer schon viele Kinder gewünscht. Wir hoffen jetzt beide darauf, Großmütter von Zwillingen zu werden, wobei ich wohl mit meinem Sohn noch bis zur übernächsten Generation durchhalten muss. Ich hoffe also auf eine Enkeltochter, die später Mutter von Zwillingen wird.

Sind Zwillinge häufiger eifersüchtig?

Petra:

›› Eifersucht hat, wie ich finde, eher indirekt mit dem Zwilling-Sein zu tun. Erwachsene Zwillinge, die wir befragt haben, weisen darauf hin, dass die Eifersucht zwischen Zwillingen vom erzieherischen Verhalten abhängt. Neigt die Umgebung dazu, starke Vergleiche anzustellen, oft in dem Glauben, dies würde die Kinder motivieren, tauchen eher Eifersüchteleien und Rivalitäten auf. Ebenso scheint wichtig zu sein, wie wohl man sich als Zwilling fühlt. Die eineiigen Paare, die sich als Einheit und gegenseitige Unterstützung sehen und gerne gemeinsam auftreten, weisen jede Form von Eifersucht weit von sich.

Unser Charakter wiederum ist auch durch unsere Gene geprägt. Ein eineiiges Zwillingspaar, das eher ein Streben nach Harmonie und eine geringe Neigung zur Dominanz mit in die Wiege gelegt bekommen hat, wird vermutlich weniger rivalisieren als Zwillinge, deren Gene Dominanzstreben nahelegen. Mein Eindruck: Zwillinge sind da nicht anders als »normale« Geschwister! ‹‹

Dorothee:

›› Wir waren nie gegenseitig eifersüchtig aufeinander. Wenn wir verglichen wurden, was zu unserem Leidwesen ständig vorkam, haben wir uns gegenseitig in Schutz genommen und jede hat sich wie eine Löwin vor ihre Schwester gestellt. Schrecklich – die Zeugnisausgabe. Vor allem meine Großeltern haben beide Zeugnisse genau miteinander verglichen und sogar ein Lineal zu Hilfe genommen, um ja nicht in der Zeile zu verrutschen. Wir haben es gehasst. Natürlich bekam die eine für gute Noten viel Lob und auch Geld, die andere wurde ausgeschimpft und musste zur Strafe Hausarbeit erledigen. Aber eifersüchtig waren wir trotzdem nie – wir haben uns gegenseitig geholfen und die Groschen gemeinsam ausgegeben. ‹‹

Können Zwillinge von verschiedenen Vätern stammen?

Dorothee:

» Sie könnten schon, aber es ist im wirklichen Leben sehr unwahrscheinlich. Genauso unwahrscheinlich wie der unglaubliche Zufall, dass ein Mann sowohl mit seiner Frau als auch mit seiner Geliebten zur gleichen Zeit Zwillinge erwartet.

Dennoch fasziniert es mich, die theoretischen Möglichkeiten einmal zu durchdenken. Nehmen wir an, es handelt sich um eineiige Zwillinge, dann müsste sich das einzelne Ei in noch unbefruchtetem Zustand geteilt haben, ehe es auf die Spermien der beiden potenziellen Väter trifft. Hätte die Mutter in diesem Fall in kurzem zeitlichem Abstand mit zwei Männern Geschlechtsverkehr, könnte sie von beiden schwanger werden. Diese Variante bezeichnet man als »unechte Einlinge« oder »third type twins«. Die Kinder sind zwar aus einer Eizelle entstanden und tragen das identische Erbgut der Mutter, haben aber grundsätzlich durch unterschiedliche Väter die Ähnlichkeit von Halbgeschwistern. Sind die Zwillinge zweieiig, gibt es in der Medizin einen Fachbegriff für diese Unwahrscheinlichkeit: die Superfecundation. Entweder die Mutter hat nach einem doppelten Eisprung mit zwei Männern geschlafen und jedes Ei ist von einem Mann befruchtet worden. Oder sie befand sich mit ihrem Ehemann in einer Sterilitätsbehandlung, in der ihr ein befruchtetes Ei eingesetzt wurde, und hat im gleichen Zeitraum sowohl einen Eisprung als auch Geschlechtsverkehr mit einem anderen Mann. Und jetzt wird es ganz absurd: Handelte es sich nun bei diesen beiden Vätern auch noch um eineiige Zwillingsbrüder, könnte heutzutage – dank neuer Forschungsergebnisse im Bereich der Epigenetik – sogar herausgefunden werden, welcher erwachsene Zwilling der Vater von welchem Baby ist. «

Benachteiligt man nicht immer ein Kind?

Petra:
>> Dies ist keine zwillingsspezifische Frage, sie stellt sich Eltern mit mehreren Kindern in gleicher Weise. Jedem Kind gerecht zu werden erfordert zunächst einmal, jedes Kind kennenzulernen. Welche Eigenschaften hat Peter, was mag er, was nicht und was braucht er von mir als Mutter oder Vater? Und wie sieht es mit seinem eineiigen Zwillingsbruder Leo aus? Wenn ich diesen individuellen Blick auf meine Kinder früh einübe, wird es mir leichter fallen, jedem der beiden gerecht zu werden.

Trotzdem lauert schnell das schlechte Gewissen. Meine Kinder kennen diese »Schwachstelle« gut und nutzen sie gerne, um bequemer durchs Leben zu kommen. »Die Rike hast du gestern mit dem Auto abgeholt. Mich heute auch?« Was soll's. Wenn es passt, mache ich das zur ausgleichenden Gerechtigkeit und zur Beruhigung meines potenziell schlechten Gewissens.

Unvergessen der Satz meines Mannes zu meiner Tochter auf ihre Beschwerde, dass sich ALLES nur um ihre Zwillingsbrüder drehe: »Ja, das ist ungerecht. Und es ist auch toll, Brüder zu haben, die mit dir spielen und für dich da sind. So ist das mit Geschwistern!«

Dorothee:
>> Ich bin mit drei Geschwistern aufgewachsen. Meine Zwillingsschwester und ich haben unserer nur knapp ein Jahr älteren Schwester wenig Gelegenheit gegeben, von unseren Eltern bevorteilt zu werden. Mein drei Jahre jüngerer Bruder hingegen ist als sehr süßes Nesthäkchen und Stammhalter von allen ziemlich verwöhnt worden.

Zum »Ausgleich« hat er mit seinen drei älteren Schwestern in der Pubertät harte Zeiten erlebt – wir haben ihm sehr deutlich nähergebracht, was Emanzipation bedeutet. Heute verstehen wir uns alle gut – und können über vieles aus unserer Kindheit und Jugendzeit zusammen lachen.

Wie werden Zwillinge zu eigenständigen Individuen?

Petra:

❯❯ In der Schwangerschaft sah ich einen Film über eineiige männliche Zwillinge, die eineiige weibliche Zwillinge heirateten. Die beiden Paare lebten im selben Haus in identischen Wohnungen, damit man sich auch in der jeweils anderen Wohnung wohlfühlte. Was für ein Schock für eine Einzelkind-Psychologin! Ich sorgte mich sehr, dass meine Söhne sich so entwickeln würden – es ist nicht passiert.

Was haben wir dazu getan? Wir haben unser Bestes getan, sie getrennt anzusprechen und wahrzunehmen: durch Einzelfotos und gemeinsame Fotos, durch genaues Beobachten, was jeder der beiden mag, durch individuelle Geschenke – Ihnen wird auch vieles einfallen! Durch Mutmachen, etwas alleine auszuprobieren, wie z.B. mit vier Jahren im Supermarkt das Überraschungsei ohne den Bruder einzukaufen. Denn es geht meiner Meinung nach vor allem um das Ermöglichen getrennter Erfahrungen, ohne sie zu erzwingen. ❮

Dorothee:

❯❯ Als »die Zwillinge« behandelt zu werden, war nervig! Obwohl wir als zweieiige Zwillinge uns nie ähnlich sahen, hörten wir: »Ach, da kommen die Zwillinge«, »Na ihr beiden, wollt ihr ein Eis?« Zum Geburtstag bekamen wir oft die gleichen Geschenke. Dabei war meine Schwester eine Leseratte, ich hing lieber an der Turnstange. Es wurde besser, als wir auf unseren Wunsch hin in unterschiedliche Schulklassen gingen. Von da an hatte jede von uns eine eigene »beste Freundin«, übernachtete mal alleine bei dieser und unternahm etwas ohne die andere. Natürlich erzählten wir uns immer alles, aber man nahm uns als eigenständige Personen wahr und wir kannten auf einmal Leute, die eher zufällig erfuhren, dass jede noch einen Zwilling hatte. ❮

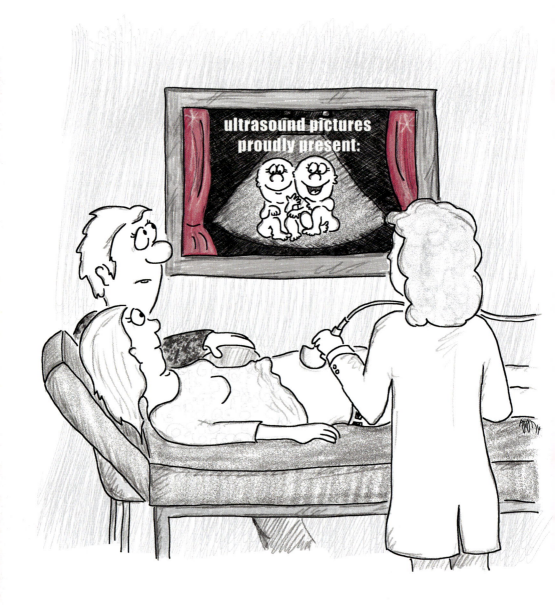

Herzlichen Glückwunsch, es sind zwei!

Was Sie schon immer wissen wollten – über die Schwangerschaft, über die Kinder in Ihrem Bauch und über die Geburt. Hier finden Sie die Antworten!

Ich möchte unbedingt Zwillinge – was kann ich tun?

Dorothee:

❱❱ Zwillinge zu bekommen, ist ein Geschenk der Natur. Und dieses Geschenk können Sie leider nicht bewusst »in Auftrag geben«. Die Medizin forscht seit vielen Jahren nach den Ursachen, die Frauen mit Zwillingen schwanger werden lassen. Weltweit beobachtet man regionale Unterschiede: Beim Volk der Yoruba in Nigeria ist jede sechste Geburt eine Zwillingsgeburt. Zwei der Grundnahrungsmittel, die Yamswurzel und Süßkartoffeln, können die Frequenz des Eisprungs anregen. Eine mögliche Erklärung.

In westlichen Ländern fällt auf, dass die Wahrscheinlichkeit, Zwillinge zu bekommen, mit dem Alter der Mutter steigt. Auch das Körpergewicht scheint eine Rolle zu spielen: Mit höherem Körpergewicht erhöht sich die Zwillingsrate. Kommen in der eigenen Familie viele Zwillinge vor, vor allem in der Großelterngeneration, ist die Chance auf Zwillinge ebenfalls deutlich größer. Auch im Zusammenhang mit einer Sterilitätsbehandlung ist es wahrscheinlicher, Zwillinge zu bekommen.

Genießen Sie das Mutterwerden lieber, ohne im Vorhinein übergewichtig zu werden oder etwa nach Nigeria auszuwandern – das Leben mit einem Einling ist auch wunderschön! ❮

Petra:

❱❱ Wer denkt schon daran, Zwillinge zu bekommen? Hand aufs Herz: die meisten sicherlich nicht. Wir haben keine Zwillinge in der Familie und dementsprechend waren wir überrascht, als wir uns bei der ersten Schwangerschaft über zwei Kinder freuen durften. Wir haben keine Zwillinge in unseren Stammbäumen entdeckt, weder Yamswurzeln noch Süßkartoffeln zählen zu meinen bevorzugten Speisen und mein BMI lag vor der Schwangerschaft auch nicht über 30. Es ist uns einfach passiert – wie gut! ❮

Ist der Strich beim positiven Schwangerschaftstest breiter?

Dorothee:
» Nein, der Strich auf dem Test ist dann sichtbar, wenn eine Frau schwanger ist – und dieser Strich ist immer gleichbleibend dick, natürlich abhängig von dem jeweiligen Produkt und dem Hersteller des Schwangerschaftstests. Aber das wäre ja eine fantastisch einfache Methode, um Zwillinge oder gar Mehrlinge diagnostizieren zu können – über das Ablesen eines Teststreifens. Wer so einen Test erfindet, der hat wahrlich ausgesorgt. Nein, bis dato geht das leider nicht. Der Teststreifen reagiert auf ein Hormon, das von den ersten Zellen des Mutterkuchens (Plazenta) ausgeschüttet wird: HCG (Humanes Choriongonadotropin). Dieses Hormon wird über die Nieren verstoffwechselt und ausgeschieden und kann mit dem Teststreifen sehr leicht ausfindig gemacht werden. Entweder eine Schwangerschaft besteht und dieses Hormon wird gebildet oder eben nicht. Der klassische Schwangerschaftstest kann nur die Qualität (schwanger/nicht schwanger) ausdrücken, aber nichts über Quantität, sprich die Anzahl, ausdrücken. Und so bleibt allen frisch schwangeren werdenden Eltern nur, die Spannung gemeinsam auszuhalten, bis der Gynäkologe bei der Ultraschall-Untersuchung sagt: »Herzlichen Glückwunsch, es werden ...« «

Petra:
» Vermutlich hätte es mich vom Stuhl gefegt, wenn ich alleine vor meinem Schwangerschaftstest gesessen hätte, der mir durch einen doppelt dicken Strich anzeigt: Zwillinge. Was macht eine Schwangere, durchflutet von Schwangerschaftshormonen, in so einem Moment? Ich finde es gut, dass die Zwillingsschwangerschaft erst bei einem Ultraschall entdeckt wird, man sofort die zwei schlagenden Herzchen sieht und vor allem ein möglichst einfühlsamer Arzt dabei ist, der die ersten Emotionen auffangen kann. «

Merkt man früher, dass man schwanger ist?

Dorothee:

» O ja! Das kann man wohl sagen. Zwillingsschwangere erleben schon in der frühen Schwangerschaft einen enormen Unterschied: In der siebten Schwangerschaftswoche ist ihre Gebärmutter schon etwa doppelt so groß wie die einer Einlingsschwangeren. Der Bauch ist also früher dicker! Deshalb tragen die meisten werdenden Zwillingsmütter schon ab dem dritten Schwangerschaftsmonat Umstandskleidung – und das fällt natürlich auf.

Dazu kommt, dass bei Zwillingsschwangerschaften zwei Plazenten bzw. eine deutlich größere gemeinsame Plazenta für eine doppelte Hormonausschüttung sorgen. Die Hormone sind hilfreich für die Schwangerschaft: Die Durchblutung wird intensiver, der Körper wird deutlich weicher, sodass sich der Bauch gut dehnen kann, und vieles mehr. Leider wird dies in vielen Fällen von einer anhaltenderen Übelkeit begleitet. Zwillingsschwangere vertragen oftmals bestimmte Speisen und Gerüche nicht, und das manchmal, bis die erste Hälfte der Schwangerschaft vorbei ist.

Durch die »doppelte« Hormonausschüttung und die größere Anstrengung, zwei Kinder gleichzeitig auszutragen, erleben werdende Zwillingsmütter so manche typische Schwangerschaftsbeschwerde intensiver. Aber Ausnahmen bestätigen wie immer die Regel und gegen jedes »Zipperlein« ist ein Kraut gewachsen. «

Petra:

» Die Übelkeit war wirklich sehr lästig. Zu guter Letzt ging aber auch diese Zeit vorüber. Die Übelkeit gelindert haben viele kleine und regelmäßige Mahlzeiten. In den ersten Wochen sah mein Mann mich gefühlt nur essen. Geholfen haben mir die Mittel meiner Hebamme und die etwas derbe Bemerkung meines Gynäkologen: »Wenn Ihnen schlecht ist, dann geht es den Kindern sicherlich gut.« «

Können Zwillinge auch übersehen werden?

Dorothee:

» In der heutigen Zeit, mit den Möglichkeiten, die der Ultraschall bietet, ist es sehr unwahrscheinlich, dass eine Zwillingsschwangerschaft übersehen wird. Vielleicht hören Sie solche Geschichten von der heutigen Großelterngeneration. Für meine Eltern waren meine Zwillingsschwester und ich tatsächlich eine riesengroße Überraschung. Der Frauenarzt sprach damals von einem kleinen Kind mit viel Fruchtwasser – herausgekommen sind zwei jeweils fünf Pfund schwere Mädchen. Die Zwillingsschwangerschaft wurde wenige Tage vor der Geburt via Röntgenuntersuchung festgestellt – das war Ende der 60er-Jahre. Wenn Sie heutzutage den Verdacht haben, schwanger zu sein, werden Sie mit Ihrem Frauenarzt einen Termin vereinbaren. Dieser wird in seiner Praxis die Schwangerschaft durch eine Blutuntersuchung und einen Ultraschall feststellen. Wenn die Schwangerschaft noch sehr früh ist, kann es sein, dass der zweite Zwilling erst bei der nächsten Untersuchung gesehen wird, aber ein Kind ganz zu übersehen, passiert heute nicht mehr. ◂

Petra:

» Meine Zwillingsschwangerschaft wurde an einem Karnevalssonntag festgestellt, als ich wegen Beschwerden ungefähr in der 10. Schwangerschaftswoche ein Krankenhaus aufsuchte. Mein niedergelassener Gynäkologe hatte mit seinem Ultraschallgerät bei der ersten Untersuchung das zweite Kind noch nicht gesehen. Die Überraschung war dementsprechend groß! Bei meiner zweiten Schwangerschaft trieb uns allerdings schon die Sorge um, es könne ein Kind übersehen werden, und wir baten die Gynäkologin mehrfach, doch bitte auch in jede Ecke zu schallen und sehr genau nachzuschauen. Doch auch sie hat nichts übersehen – tatsächlich hat meine Tochter keine Zwillingsschwester, die uns bei der Geburt überrascht hätte! ◂

Muss ich für drei essen?

Dorothee:
❱❱ Für drei essen müssen Sie nicht. Sehr bald wird neben den stetig wachsenden Zwillingen ohnehin keine große Portion mehr in Ihren Bauch passen! Ihr Kalorienverbrauch steigt in der Schwangerschaft um ca. 300 Kalorien, die eine kleine Schüssel Müsli schon abdeckt. Die Ernährung spielt in der Schwangerschaft vor allem für die Entwicklung der Babys eine wichtige Rolle und bestimmt den Geschmack des Fruchtwassers. Ein guter Grund, sich bewusst gesund zu ernähren. Die Natur macht es Ihnen in diesem Punkt einfach: Kaffee, Tabak und zu stark gewürzte Speisen vertragen viele Schwangere nicht. ◂

Petra:
❱❱ Es ist mir nicht gelungen, meine Ernährung in der Schwangerschaft auf »gesund« umzustellen. Während der Phase der akuten Übelkeit halfen nur Nudeln mit Sahnesoße, danach allerdings immer Quark mit Erdbeeren. Nie vergessen werde ich das entsetzte Gesicht meines Kollegen, als ich vor meiner Portion Pommes mit Currywurst saß, nach der mir schon den ganzen Morgen gewesen war. Ich hatte in meiner Schwangerschaft die Essens-Devise: Wonach mir ist, wird gut für mich und die Kinder sein. ◂

Ist Zwillingsschwangeren doppelt so übel?

Dorothee
>> An »exakt doppelt« so viel Übelkeit leiden Zwillingsschwangere sicher nicht, aber die Übelkeit ist oftmals intensiver und hält länger an. Eine Einlingsschwangere wird meistens zwischen der neunten und zwölften Woche mit mehr oder weniger starker Übelkeit zu tun haben. Eine mit Zwillingen schwangere Frau kann schon mal bis in die 16., 20. oder gar 24. Woche starke Übelkeit verspüren. Genauso gibt es Zwillingsschwangere, denen es von Anfang an sehr gut geht – ganz ohne Übelkeit, Erbrechen oder sonstigen Beschwerden. Und es gibt Einlingsschwangere, denen so furchtbar übel ist, dass sie kaum glauben können, nur ein Kind mit einer Plazenta auszutragen. Man kann es vor der Schwangerschaft einfach nicht wissen, wie man selbst auf das Plazenta-Hormon HCG (Humanes Gonadotropin) reagiert, das für die Übelkeit verantwortlich ist. Aber sowohl in der naturheilkundlichen, als auch in der Schulmedizin gibt es Medikamente, Teemischungen und Kräuteranwendungen, die Schwangeren in dieser Zeit eine große Hilfe sind. Präparate aus der Ingwerwurzel, Minze und Kerbel sind nur einige davon. Werden zudem kleine, ganz regelmäßige Mahlzeiten eingehalten, lässt sich die Übelkeit meist gut aushalten. <

Petra
>> Lange war mir schlecht, bis ungefähr zum Ende des vierten Schwangerschaftsmonats. Übergeben musste ich mich nicht, aber es war eine »Grundübelkeit« da. Leidlich getröstet hat mich der schon erwähnte Satz meines Gynäkologen, dass es den Kindern umso besser gehe, wenn mir schlecht sei! Geholfen hat aber vor allem, dass ich mir sehr genau überlegte, was und wann ich an diesen Tagen essen könnte. Oft kamen die abenteuerlichsten Zusammenstellungen dabei heraus, die aber alle eines gemeinsam hatten: Mir ging es danach besser. <

Wird mein Bauch doppelt so groß?

Dorothee:

❱❱ Ein Zwillingsbauch wird vielleicht nicht genau doppelt so groß, aber schon beachtlich größer, sodass auch der Schwangerschafts-unerfahrene Betrachter sich wundert, ob der errechnete Entbindungstermin schlichtweg falsch berechnet ist oder doch mehr als ein kleiner Zwerg im Bauch heranwächst. Sie werden auf jeden Fall im Laufe Ihrer Schwangerschaft mit Ihrer Antwort auf die Frage, ob es denn schon sehr bald so weit sei, immer wieder erstaunte Gesichter erleben.

Das liegt daran, dass Zwillinge lange genauso schnell wachsen wie ein einzelnes Kind. Erst im letzten Schwangerschaftsdrittel flacht die Wachstumskurve von ungeborenen Mehrlingen deutlich ab. Ein Zwilling wiegt bei seiner Geburt meist um die 2500 Gramm und ist etwa 48 cm groß ist, während ein Einling rund ein Kilo mehr auf die Waage bringt und 3–5 cm größer ist.

Sie werden also, wenn Sie Ihre Zwillinge bis nahe an den errechneten Termin austragen, ungefähr fünf bis sieben Kilo Kinder in Ihrem Bauch beherbergen, dazu kommen die beiden Plazenten und das Fruchtwasser, in dem jedes Kind schwimmt. Es ist deshalb ganz normal und folgerichtig, dass der Bauch einfach größer ist, als wenn ein einzelnes Kind mit 3500 Gramm ausgetragen wird. ◆

Petra:

❱❱ Mein Bauch wuchs wirklich rasant im Vergleich zu dem meiner ebenfalls schwangeren Freundin. Während sie noch mit ihren Lieblingsjeans unterwegs war, trug ich schon lange Schwangerschaftshosen. Sehr früh wurde mir in Bus und Bahn ein Sitzplatz angeboten, während meine Freundin schon fast ein bisschen traurig war, dass – wenn ich dabei war – sie niemand für schwanger hielt. ◆

Gibt es Schwangerschaftsmode für Zwillingsbäuche?

Dorothee:

❯❯ Besondere Umstandsmode nur für werdende Zwillingsmütter gibt es nicht. Der Bauchumfang einer Zwillingsmutter kann den einer Einlingsschwangeren mal kaum überrunden, genauso aber gigantische Ausmaße annehmen. Sie sind in jedem Fall in einem Geschäft, das klassische Umstandsmode verkauft, gut aufgehoben. Die Auswahl ist in den letzten Jahren sehr viel größer und schicker geworden, sodass Sie vom Badeanzug für Schwangere über Business-taugliche Umstandsmode bis zum mitwachsenden Hochzeitskleid für die Braut mit Babybauch eigentlich alles bekommen.

Ein »Schmankerl« für Zwillingsschwangere gibt es allerdings: Bauchbänder mit der besonderen Aufschrift: »Eins kann jede«, »Doppelpack«, »Doppelzimmer belegt« oder «Zwei auf einen Streich«, je nach Vorliebe mit vier Fuß- oder Handabdrücken. Damit weiß jeder gleich Bescheid, was bei Ihnen im Bauch los ist. ❮

Petra:

❯❯ Mit Umstandsmode gab es für mich vor 17 Jahren durchaus Schwierigkeiten. Ich erinnere mich noch an die lächelnde Verkäuferin: »Unsere Schwangeren tragen immer sehr gerne Trägerröckchen mit einem weißen Blüschen darunter!« Wer mich sieht, kann sich vorstellen, dass ich auch vor 17 Jahren nicht der weißes-Blüschen-Trägerröckchen-Typ war. Als die weiten Männerhemden nicht mehr reichten und die Jeans in dem sehr heißen Sommer zu warm wurden, nähte meine Mutter für mich Umstandskleidung, die ich geliebt habe. Luftig, leicht, in Farben und mit Mustern, die zu mir passten. Die letzten Sommermonate meiner Schwangerschaft habe ich glücklich in Gelb-Orange und Türkis-Blau verbracht! Probieren Sie es doch einmal mit Selbernähen! ❮

Wie mobil bin ich in der Zwillingsschwangerschaft?

Dorothee:

❯❯ Zwillingsschwangere fühlen sich mit ihren beiden Kleinen im Bauch ganz unterschiedlich. Solange Sie sich sicher fühlen, dürfen Sie vieles so machen wie bisher. Wenn Sie unsicher sind, befragen Sie in jedem Fall Ihren Arzt oder Ihre Hebamme.

Schwimmen, wandern, angemessen Sport betreiben und sogar der Saunabesuch können sehr entspannend sein – wenn Sie mit moderaterem Tempo und niedrigeren Temperaturen auf sich und Ihre Kinder Rücksicht nehmen. Mit wachsendem Bauchumfang werden Sie Ihr Mountainbike unter Umständen gerne gegen ein gemütliches Hollandrad eintauschen, auf dem Sie gerade sitzen können – mit viel Platz für den Zwillingsbauch.

Reisen mit allen Verkehrsmitteln sind erlaubt, solange Sie gut sitzen können und regelmäßige Pausen einlegen. Wenn Sie fliegen möchten, benötigen Sie ab der 28. Schwangerschaftswoche eine Unbedenklichkeitsbescheinigung Ihres Frauenarztes, die Sie bei der Fluggesellschaft vorlegen müssen. In den ersten Wochen überwiegt wahrscheinlich durch Übelkeit und große Müdigkeit Ihr Verlangen nach Bett und Sofa. Stellen Sie sich aber darauf ein, dass Sie im mittleren Schwangerschaftsdrittel sehr mobil sein und sich gut fühlen werden. Im letzten Drittel kann es gut sein, das Sie Ihre ganze Kraft zum »Brüten« und Austragen der Kinder benötigen. ❮

Petra:

❯❯ Ich war ab ca. der 28. Woche in einem sehr heißen Sommer nicht sehr mobil. Es fiel mir besonders schwer, mein heißgeliebtes Tanzen aufzugeben, aber es funktionierte einfach nicht mehr! Als ich mir stattdessen Spaziergänge am Rhein verordnete, fühlte ich mich langsam wieder besser. ❮

Haben alle Zwillingsmamas vorzeitige Wehen?

Dorothee:
>> Nein, da müssen Sie sich keine Sorgen machen. Ich erlebe in meinem Hebammen-Alltag, dass ca. 65 Prozent der Zwillingsschwangeren ihre Kinder bis über die 37. Schwangerschaftswoche hinaus austragen, ohne dazu wochenlang liegen zu müssen.

Die Chance, wegen vorzeitiger Wehen einige Zeit liegend zu verbringen, ist natürlich bei einer Zwillingsschwangerschaft, bei der eben zwei Kinder gleichzeitig in einem Bauch heranwachsen, größer als bei einer Frau, die ein einzelnes Kind austrägt.

Auch stellen wir immer wieder fest, dass sich der Gebärmutterhals (Cervix) bei vielen Zwillingsschwangeren zu Beginn des letzten Schwangerschaftsdrittels sprunghaft verkürzt. In diesem Zeitraum haben die Kinder in der Regel einen Wachstumsschub, sodass der Bauch einige Tage mächtig angespannt sein kann, bis die Gebärmutter sich auf die Größe der Kinder eingestellt hat. Dieser Zustand hält meist nur wenige Tage an. Die Schwangeren müssen dann einige Tage liegen, bzw. sich ruhig verhalten, um zu beobachten, ob vorzeitige Wehen die Cervixverkürzung ausgelöst haben oder ob der Wachstumsschub zu einer sprunghaften Reifung geführt hat. Verkürzt sich die Cervix nicht weiter, dürfen sich die Schwangeren wieder belasten und aufstehen.

Petra:
>> Ich habe die letzten fünf Wochen meiner Schwangerschaft wegen vorzeitiger Wehen liegend verbracht. Es hat mir sehr geholfen, nicht mit dem Schicksal zu hadern, sondern mich auf die Situation einzulassen: Es war nun einmal so, und das Ende dieser Zeit war ja absehbar. Meine Lieblingskrimibuchreihe habe ich komplett in dieser Zeit durchgelesen, alte Serien im Fernsehen angeschaut – und auch Ihnen wird notfalls sicher etwas Schönes einfallen, das Sie angemessen ablenken wird!

Gibt es Unterschiede zwischen Jungen und Mädchen im Bauch?

Dorothee:

>> Auch wenn dem Stammhalter im Allgemeinen immer noch mehr Gewicht beigemessen wird, können wir bei den von uns betreuten Pärchen mit Bestimmtheit sagen, dass die Geburtsgewichtsverteilung zwischen Jungen und Mädchen sehr ausgeglichen ist. Vor allem in der für Zwillingskinder eher ungewöhnlich schweren Gewichtsklasse von über 3000 Gramm sind exakt genauso viele Mädchen wie Jungen geboren worden. Bei den Kindern zwischen 2500 und 3000 Gramm Geburtsgewicht liegen die Jungen mit 53 Prozent leicht in Führung. In der Gewichtsklasse darunter, von 2000 bis 2500 Gramm sind es die Mädchen, die mit 59 Prozent etwas leichtgewichtiger sind. Unter den Zwillingen, die mit weniger als 2000 Gramm auf die Welt kamen, sind etwa gleich viele Mädchen wie Jungen.

Auch was ihre Bewegungen im Bauch angeht, gibt es nichts Auffallendes zu berichten. Zum einen gibt es schlichtweg sehr aktive und sehr ruhige Kinder, und diese Vorliebe ist in diesem Alter geschlechtsunabhängig. Zum anderen steht der Bewegungsdrang in direktem Zusammenhang mit den Möglichkeiten, die der Platz im mütterlichen Bauch bietet. Liegt ein Kind schon tief im Beckeneingang und sein Zwillingsgeschwister zum Beispiel quer über ihm drüber, hat der unten Liegende einfach gar keine Chance auf große Bewegungen, weil ihm schlichtweg der Platz fehlt. Ändert sich die Position des oben Liegenden, wird sich der Untere auch wieder mehr bewegen. Viele Einlingsschwangere, die das zweite Kind austragen, beschreiben, dass das erste Kind sich niemals so viel bewegt hat. Dieser Umstand hängt nicht unbedingt mit der Aktivität eines Kindes zusammen, sondern an der viel gedehnteren Gebärmutter, die dem zweiten Kind mehr Platz und Bewegungsspielraum lässt, unabhängig davon, ob es ein Junge oder ein Mädchen ist.

Erst nach der Geburt entwickeln sich Mädchen und Jungen geschlechtsspezifisch deutlich unterschiedlich. ◄

Herzlichen Glückwunsch, es sind zwei!

Kann ich die beiden Kinder im Bauch unterscheiden?

Dorothee:

›› Vielleicht nicht von den ersten gespürten Kindsbewegungen an, aber spätestens im letzten Drittel der Schwangerschaft können Sie Ihre Kinder deutlich unterscheiden. Dann nämlich haben sich die beiden aus Platzgründen »sortiert« und werden keine großen Purzelbäume mehr durch Ihren Bauch veranstalten können. Meist hat ein Kind die »Pole«-Position ergattert und sich mit dem Kopf oder seinem Po im Beckeneingang eingefunden, sodass Sie wissen, wer oben und wer unten liegt. Oder der eine Zwilling bleibt je nach Sitz der Plazenten mehr auf Ihrer rechten und der andere mehr auf Ihrer linken Seite. Eine hundertprozentige Sicherheit gibt es allerdings nicht. Sie können nicht immer wissen und erspüren, welche der vier kleinen Fersen sich gerade mit Schmackes in Ihre Blase gestemmt hat oder ob das harte Etwas jetzt das Köpfchen Ihrer Tochter oder der knochige Po Ihres Sohnes ist, der sich gerade unter Ihren Rippenbogen klemmt. Die Leopold'schen Handgriffe der Hebamme und die Ultraschalluntersuchung des Arztes können da Klarheit schaffen – allerdings nur als Momentaufnahme, denn Ihre beiden können und werden weiterhin in Bewegung sein, wenn auch zum Geburtstermin hin etwas verhaltener. ‹‹

Petra:

›› Als ich die ersten Bewegungen meiner Söhne spürte, wollte ich schon wissen: Wer ist wer? Ich habe es nicht wirklich herausgefunden. Ich wusste zwar recht früh, wer unten führend sehr bequem lag, sich nicht wegrührte und allenfalls mal einen gezielten Tritt nach oben machte, um den quirligen Bruder, der oben herumtollte, etwas zu stoppen. Aber wenn beide sich stark bewegten, was sie vor allem abends gerne taten, war ich ratlos. Irgendwie war es dann auch nicht mehr wichtig. ‹‹

Kommt der Junge immer als Erster?

Dorothee:

» Nein, das Gegenteil ist der Fall. Zumindest bei den 142 Pärchen, die wir in unserer Statistik dokumentiert haben. Hier sind die Mädels bei 85 Geburten die Erstgeborenen. Nur bei 57 Geburten kam der Junge vor seiner Schwester auf die Welt.

Einen medizinischen oder wissenschaftlichen Grund dafür gibt es nicht. Bei diesen Zwillingspärchen waren die Geburtsgewichte der Kinder unterschiedlich verteilt, sodass auch daraus keine Rückschlüsse gezogen werden können, was die Geschwisterfolge anbelangt. Es ist also eine Laune der Natur und wir können feststellen: Die Damen liegen mit immerhin 60 Prozent ganz klar vorn und im wahrsten Sinne in Führung.

Auch wenn ich selbst eine Zwillingsschwester habe, möchte ich doch aus eigener Erfahrung berichten, dass es Zeiten im Leben von Zwillingsgeschwistern gibt, in denen es enorm wichtig ist, zu wissen, dass man die Erstgeborene ist. Aber so mit den Jahren rücken diese wenigen Minuten Vorsprung an Lebenserfahrung in den Hintergrund. Die Geburtenfolge bei Zwillings-Pärchen wird also nicht unbedingt eine lebenslange Rangfolge nach sich ziehen! Gibt es allerdings außer dem Zwillingsgeschwister noch weitere Schwestern und/oder Brüder, gewinnt die Geschwisterfolge innerhalb der ganzen Familie an Bedeutung. So ist der erstgeborene Zwilling vielleicht das viel beschriebene »Sandwich«-Kind oder der zweitgeborene Zwilling als letztes von vielleicht fünf Geschwistern das absolute »Nesthäkchen«. Bekommen Zwillinge noch mehrere kleinere Geschwister, dann ist der erstgeborene Zwilling in jedem Fall der älteste und hat als Erstgeborener von allen eine tragende, verantwortungsvolle Rolle – und das nicht nur traditionell in sehr religiös verwurzelten Familien. Im Islam beispielsweise ist eine Ehe erst durch die Geburt eines ersten gemeinsamen Sohnes vollzogen, auch wenn er der zweitgeborene Zwilling ist und somit eine um wenige Minuten ältere Schwester hat. «

Kann ich mich besonders auf die Geburt vorbereiten?

Dorothee:

❯❯ Ja, das können Sie. Besuchen Sie z.B. einen Geburtsvorbereitungskurs bei uns (www.schwanger-mit-zwillingen.de) – ausschließlich konzipiert für werdende Zwillingseltern. Wir bieten Ihnen ein Wochenende mit einer machbaren Anzahl von Seminarstunden, an dem wir Sie über alles Wichtige informieren und für all Ihre Fragen da sind. Sie sind herzlich willkommen.

Sie können sich natürlich bei Ihnen vor Ort auf die Suche nach einem Kursangebot speziell für Zwillingseltern machen. Über das Internet oder eines der zahlreichen Hebammen-Info-Telefone werden Sie sicherlich fündig. Auch wenn Ihre Kinder per Kaiserschnitt geboren werden, ist ein Geburtsvorbereitungskurs auf jeden Fall sinnvoll. Informiert in die Geburt zu gehen, beruhigt und lässt ausreichend Energie für das Wesentliche. Andere Zwillingsschwangere mit ähnlichen Freuden und Befürchtungen zu treffen, tut einfach gut. Körperarbeit verbessert zudem Ihre Beweglichkeit, Ihren Atemrhythmus und schult Ihre Körperwahrnehmung. Auch bekommen Sie hilfreiche Tipps, wie Sie Ihren Körper mit Massagen von Bauch und Damm, gebärmutterstärkenden Tees und Akupunktur auf die besondere Herausforderung, Zwillinge auf die Welt zu bringen, einstimmen können. ❮

Petra:

❯❯ Ich habe freudig einen Geburtsvorbereitungskurs besucht und kam oft enttäuscht nach Hause. Es war gut, sich mit der Geburt vertraut zu machen, aber als einzige Zwillingsschwangere unter werdenden Einlingsmüttern war ich der »bunte Hund«. Einige meiner Fragen betrafen nur mich und ich traute mich nicht so recht, sie zu stellen. Ein Kurs mit anderen Zwillingsschwangeren wäre schön gewesen. ❮

Kommen Zwillinge immer zu früh?

Dorothee:
» Die meisten Zwillinge kommen vor dem errechneten Entbindungstermin auf die Welt. Das liegt einerseits daran, dass Geburtskliniken eine Zwillingsgeburt gerne in der Schwangerschaftswoche 38+0 einleiten. Da die Plazenten zum Geburtstermin hin langsam weniger arbeiten, soll eine Einleitung einer schlechteren Versorgung der Kinder vorbeugen. Zum anderen machen sich Zwillinge auch ganz von alleine früher als geplant auf den Weg. Die Gebärmutter ist mit zwei Kindern gut ausgelastet und das Gewicht der beiden kann schon mal einen vorzeitigen Blasensprung oder vorzeitige Wehen auslösen, die die Geburt einläuten. Zudem sind Zwillinge von Natur aus reifer als Einlinge im gleichen Schwangerschaftsalter. Sie müssen sich trotzdem nicht allzu große Sorgen machen, wenn Ihre Zwillinge zu früh kommen – das bedeutet nicht automatisch, dass sie viele Wochen intensivmedizinisch versorgt werden müssen. Kommen Kinder zum Beispiel ab der 32. Schwangerschaftswoche auf die Welt, verläuft ihre Entwicklung in der überwiegenden Zahl der Fälle völlig normal.

Kinder gelten als Frühgeborene, wenn sie vor der vollendeten 37. Schwangerschaftswoche geboren werden. Das heißt: Kinder, die volle 36 Wochen und länger ausgetragen werden, sind reife Neugeborene, obwohl sie keine vollen 40. Schwangerschaftswochen ausgetragen werden. Laut unserer eigenen Statistik sind das immerhin 62 Prozent aller Zwillinge. «

Petra:
» Meine in der 35. Schwangerschaftswoche etwas zu früh geborenen Söhne waren kleiner und leichter als meine zweieinhalb Jahre später in der 40. Woche geborene Tochter. Sie verbrachten einige Tage im Wärmebett und brauchten etwas mehr Zeit, um sich an das Saugen zu gewöhnen. Mehr Unterschiede in der Entwicklung der drei sind mir nicht aufgefallen. «

Kommen eineiige Zwillinge häufiger zu früh als zweieiige?

Dorothee:

❯❯ Ja, gegenüber den zweieiigen Zwillingen, den sogenannten »Didis« (Diamniale-dichoriale Zwillinge), kommen eineiige Zwillinge, sogenannte »Modis« (Monoamnial-dichorial) oder »Momos« (Monoamnial-monochoreal), häufig früher auf die Welt.

Die gemeinsame Plazenta eineiiger Zwillinge arbeitet zum errechneten Geburtstermin hin allmählich weniger. Da nur eine Plazenta zwei Kinder versorgt, ist dieser Zeitpunkt früher erreicht als bei zweieiigen Zwillingen mit jeweils eigener Plazenta. Um die Versorgung der Kinder zu sichern, wird die Geburt von eineiigen Zwillingen meist in der Schwangerschaftswoche 37+0 eingeleitet, bei zweieiigen Zwillingen wartet man mindestens eine Woche länger. Eineiige Zwillinge, die in einer gemeinsamen Fruchtblase liegen, was bei nur einer von 100 eineiigen Zwillingsschwangerschaften vorkommt, werden noch früher mit einem geplanten Kaiserschnitt geboren. Das verringert die Chance, dass ein Kind die Nabelschnur des anderen einwickelt und dadurch die Versorgung des Geschwisters stört.

Zwillinge machen sich auch von ganz alleine früher auf den Weg. Nach unserer eigenen Statistik werden knapp 53 Prozent der eineiigen Zwillinge vor der 37. Schwangerschaftswoche geboren. Bei den zweieiigen Zwillingen sind es im Vergleich nur etwa 38 Prozent. ❮

Petra:

❯❯ Während meines Krankenhausaufenthalts vor der Geburt lernte ich eine Zwillingsmutter kennen, deren Entbindungstermin mit zweieiigen Zwillingen dem meinen mit eineiigen Kindern entsprach. Als meine Zwillinge schon auf der Welt waren, besuchte sie mich noch, um die beiden zu bewundern. Ihre Söhne kamen dann ca. zwei Wochen vor Termin auf die Welt. ❮

Können Zwillinge auch übertragen werden?

Dorothee:
›› Sie könnten schon – es ist aber selten der Fall. In den letzten 15 Jahren haben wir zwei Frauen erlebt, die zwei bzw. vier Tage tapfer übertragen haben.

Aus medizinischer Sicht ist es sinnvoll, zweieiige Zwillinge zum errechneten Termin, eineiige Zwillinge etwa zwei Wochen vor dem errechneten Termin behutsam anzuregen, sich auf den Weg zu machen. Die Mutterkuchen (Plazenten) beginnen allmählich, weniger zu arbeiten. Häufig ist eine gemeinsame Plazenta eineiiger Zwillinge schon nach 38 Schwangerschaftswochen erschöpft und versorgt unter Umständen die Kinder nicht mehr so gut wie vorher. Daher werden die von Ihnen ausgesuchte Geburtsklinik, Ihr Gynäkologe und Ihre Hebamme gegen Ende der Schwangerschaft die Versorgung Ihrer Kinder genau beobachten. Ist eine Einleitung notwendig, wird Ihnen Ihre Hebamme sicherlich eine schonende Methode, einen Wehentee, einen anregenden Badezusatz, vorbereitende Akupunktur oder Ähnliches anbieten können, um Sie gut auf die Einleitung vorzubereiten.

Ich erlebe in meiner Betreuung immer wieder, dass für Zwillingsschwangere die letzten Wochen sehr beschwerlich werden können. Ihre Zwillinge wachsen in den letzten Wochen zwar nicht so stark wie ein Einling, aber 150 Gramm pro Woche pro Kind sind schon möglich. Sie werden, auch wenn Sie es sich zwei Wochen vorher noch nicht vorstellen konnten, merken, dass Sie sich geradezu darauf freuen, dass es endlich losgeht, und sie den entscheidenden Untersuchungstermin kaum erwarten können. ‹‹

Petra:
›› Nein, ganz ehrlich hätte ich mir nicht gewünscht, meine beiden Jungs zu übertragen. So rund wie ich war, freute ich mich tatsächlich darauf, nicht nur meine Füße wieder, sondern vor allem auch meine Kinder zu sehen! ‹‹

Werden Zwillinge immer per Kaiserschnitt geholt?

Dorothee:

» Natürlich können Sie Ihre Zwillinge spontan auf die Welt bringen! Falls Sie vielleicht aus Angst keine Spontangeburt wollen, suchen Sie sich eine Hebamme, mit der Sie im persönlichen Gespräch alle Fragen klären können. Informieren Sie sich beim Elternabend Ihrer Geburtsklinik darüber, wie mit Zwillingsgeburten umgegangen wird. Die Zeiten, in denen Zwillinge immer per Kaiserschnitt geboren wurden, sind lange vorbei.

Die meisten Geburtskliniken unterstützen die spontane Zwillingsgeburt, wenn das in Führung liegende Kind mit seinem Kopf, mancherorts auch mit seinem Po, in einer Längslage im Beckeneingang liegt. Versorgen die Plazenten beide Kinder gut, spricht nichts gegen eine normale und spontane Geburt. Nutzen Sie in jedem Fall das Geburtsplanungsgespräch, um mit dem Geburtsklinik-Team Ihre Wünsche und Möglichkeiten zu besprechen.

In einer kürzlich veröffentlichten Studie haben 66,2 Prozent von 1406 Zwillingsschwangeren, deren führendes Kind mit dem Kopf voran lag, spontan entbunden. Dies entspricht ungefähr den Zahlen der deutschlandweiten und unserer eigenen Statistik. ◄

Wann müssen Zwillinge aus medizinischer Sicht per Kaiserschnitt geboren werden?

Dorothee:

» Es gibt Situationen in der Geburtshilfe, die es erforderlich machen, dass Zwillinge mit einem geplanten Kaiserschnitt auf die Welt kommen. Der seltene Fall der sogenannten »Momos«, eineiige Zwillinge, die in einer gemeinsamen Fruchtblase liegen, gehört dazu. Hier wird schon zu einem frühen Zeitpunkt die Kaiserschnittgeburt festgelegt. Auch eine sogenannte »Placenta praevia«, also eine Plazenta, die über dem Muttermund liegt und so den Geburtsweg für die Kinder verschließt, ist eine Indikation, genau wie bei Einlings-Schwangerschaften.

Möchte partout keiner der beiden in einer Längslage mit dem Kopf oder dem Po in Führung kommen oder liegen beide Kinder wie in einem Etagenbett übereinander, bleibt nur der »Kaiserweg«, um geboren zu werden. Genauso wird vorgegangen, wenn bei einem der Zwillinge eine schlechte Versorgung über die Plazenta festzustellen ist oder bei eineiigen Zwillingen ein sogenannter Shunt entsteht, der die gleichberechtigte Versorgung der Kinder stört (Fetofetales Transfusionssyndrom, FFTS).

Es gibt auch Gründe für eine Kaiserschnittentbindung, die ganz bei der Mutter liegen. Entwickelt eine Zwillingsschwangere einen viel zu hohen Blutdruck, wäre eine spontane Entbindung körperlich zu anstrengend und unter Umständen auch riskant. In dieser Situation ist der Kaiserschnitt eine kontrollierte und planbare Belastung für die Mutter.

Auch wenn Ihnen die Sammlung von Gründen reich erscheint, kommen immerhin fast 40 Prozent aller Zwillinge spontan auf die Welt. Und einmal per Kaiserschnitt entbunden heißt auf gar keinen Fall, dass ein nächstes Kind nicht spontan geboren werden kann. «

Kann ich mir bei einem Kaiserschnitt wünschen, welches Kind als erstes geholt wird?

Dorothee:
» So einfach geht das nicht. In puncto Geschwisterfolge haben nämlich die Kinder selbst das Sagen. Unabhängig davon, ob Zwillinge vaginal geboren werden oder durch einen Kaiserschnitt auf die Welt kommen, bestimmen die beiden durch ihre Lage im Bauch, wer zuerst auf die Welt kommt. Das Kind, welches tiefer im mütterlichen Becken liegt und dadurch in Führung geht, wird immer das Erstgeborene sein. Bei einer vaginalen Geburt wird ein Kind nach dem anderen auf die Welt kommen – das führende zuerst, das oben liegende als zweites. Bei einer Kaiserschnittgeburt verhält es sich ganz genauso: der Kaiserschnitt wird ganz knapp oberhalb des Schamfugenknochens vorgenommen. Das Kind, welches in Führung liegt, erblickt zuerst das Licht der Welt, dicht gefolgt von seinem Geschwister.

Manchmal liefern sich Zwillinge ein »Kopf an Kopf«- oder »Po an Po«-Rennen. Bei der Geburt wird sich eines jedoch immer minimal vordrängeln und damit Erster sein.

Petra:
» Die »Startfolge« meiner Söhne war schon früh festgelegt. Der eine Minute jüngere Bruder hat allerdings vor Kurzem herausgefunden, dass eigentlich er der Ältere ist! Er las über die Traditionen des Stamms der Yoruba, der wie schon bei der Frage »Zuerst geboren – später dominant?« (Seite 12) erwähnt, eine hohe Zwillingsgeburtenrate hat. Dort erhält der Erstgeborene den Namen Taiyewo, der Zweitgeborene wird Kehinde genannt. Die Yoruba glauben, dass Kehinde (»der Letzte, der kommt«) Taiyewo (»der Erste, der die Welt ausprobiert«) losschickt, damit er prüft, wie das Leben auf der Erde ist, und ihm davon berichtet. Deshalb glauben die Yoruba, sei eigentlich Kehinde der Ältere.

Kann man durch zu viel Fruchtwasser einen Blasensprung bekommen?

Dorothee:
» Nein und ja – in jedem Fall nicht direkt. Zu viel Fruchtwasser kann die Gebärmutter derart prall füllen, dass es sich für die Schwangere so anfühlt, als würde die Fruchtblase – oder der Bauch selbst – platzen. Das viele Fruchtwasser kann durch den erhöhten Druck auf die Gebärmuttermuskulatur vorzeitige Wehen auslösen. Und regelmäßige Wehen wiederum können im Geburtsverlauf zu einem Blasensprung führen.

Der Blasensprung an sich ist nicht gefährlich. Mit dem Blasensprung hat in der Regel eindeutig die Geburt begonnen und es werden sich meist innerhalb weniger Stunden regelmäßige Geburtswehen entwickeln. Besonders ist dies nur, wenn die Kinder dadurch sehr viel zu früh auf die Welt kommen und einer besonderen Betreuung bedürfen.

Schwangere können einen Blasensprung nicht selbst hervorrufen. Passiert der Blasensprung in einer frühen Schwangerschaftswoche, sind meist Bakterien der Auslöser. Mit einem Antibiotikum gegen die Bakterien und einem wehenhemmenden Medikament versucht man dann, die Geburt hinauszuzögern. Ist nur ein winziges Loch in der Fruchtblase entstanden, besteht die Chance, dass dieses von alleine wieder verklebt und die Kinder weiter ausgetragen werden können.

Auch wenn Schwangere durch einen Blasensprung Fruchtwasser verlieren und es noch einige Stunden dauert, bis die Kinder auf der Welt sind, liegen die beiden doch längst nicht auf dem Trockenen. Die Plazenten produzieren Fruchtwasser, bis sie selbst geboren sind, um die Kinder auch während der Geburt ausreichend zu versorgen. Und die Plazenten werden normalerweise immer nach den Zwillingen auf die Welt kommen. «

Muss die Geburt immer eingeleitet werden?

Dorothee:

❯❯ Nein, die Geburt muss nicht immer eingeleitet werden. Viele Zwillinge machen sich gerne schon vor dem geplanten Termin auf den Weg, sodass es gar nicht dazu kommt. Entscheidend für eine Geburtseinleitung und die Auswahl des Zeitpunktes ist einmal die Versorgung der Kinder über die Plazenten. Sowohl die eine gemeinsame Plazenta eineiiger Zwillinge als auch die beiden Plazenten von zweieiigen Zwillingen arbeiten zum errechneten Termin hin allmählich weniger. Die Einleitung vor dem Geburtstermin soll die Versorgung der Kinder sichern.

Zum anderen geht es um das Wohlbefinden der werdenden Zwillingsmutter. Zwei Kinder gleichzeitig auszutragen ist und darf körperlich anstrengend und mühsam sein. Eine Einleitung vor dem Geburtstermin bedeutet für viele eine enorme Erleichterung.

Geht es der Mutter gut und werden die Kinder ausreichend versorgt, können zweieiige Zwillinge bis zum errechneten Geburtstermin ausgetragen werden.

Die Chance, dass die Geburt ohne Einleitung beginnt, ist groß. Bei eineiigen Zwillingen wartet man normalerweise bis zur Schwangerschaftswoche 37+0 mit einer Wehenanregung. Da beide Kinder von einer gemeinsamen Plazenta versorgt werden, gibt es keine Kompromisse, was diesen Termin anbelangt.

Machen Sie sich nicht allzu große Sorgen über eine Einleitung. Als Zwillingsmutter starten Sie mit einem sehr guten »Befund«, wie wir das nennen, in die Geburt. Damit ist die Reifung von Gebärmutterhals (Cervix) und Muttermund gemeint. Meist ist die Cervix schon deutlich verkürzt und der Muttermund weich und leicht geöffnet. Das Austragen von zwei Kindern bereitet den Körper so vor, dass ein wehenanregendes Mittel gut wirken kann. ❮

Wie viel Zeit vergeht zwischen der Geburt des ersten und zweiten Kindes?

Dorothee:
>> Lässt man der Natur freien Lauf, können Zwillinge schon mal im Abstand von mehreren Stunden geboren werden. Meine Großtante wurde 1942 Mutter von Drillingen, die im Abstand von über zweieinhalb Stunden pro Nase geboren sind. Zu dieser Zeit hatte sie bereits drei kleine Kinder und ahnte nichts von den Mehrlingen. Sie war überglücklich und erleichtert, dass alles gut ging, dank der guten Versorgung durch ihre Hebamme. Diese hatte rechtzeitig zur Unterstützung einen Arzt und viele Menschen herbeigeholt, sodass reichlich helfende Hände alle gut versorgt haben.

Bei der Zwillingsgeburt kommt es meist nach der Geburt des ersten Kindes zu einer natürlichen Wehenpause – die Gebärmutter lässt der frisch gebackenen Mutter Zeit, das erste Kind zu begrüßen. Dann beginnen Geburtswehen von neuem, um das zweite Kind auf die Welt zu bringen. Hebammen und Geburtshelfer haben, falls nötig, die Möglichkeit, die werdende Mutter mit einem wehenfördernden Mittel zu unterstützen. So kommen Zwillinge meist im Abstand von circa fünf bis 30 Minuten auf die Welt. Wir wissen aber auch von Zwillingen, die im Minutenabstand vaginal auf die Welt gekommen sind.

Werden die Kinder durch einen Kaiserschnitt geboren, ist der Abstand immer kürzer, nur ein bis zwei Minuten. Tatsächlich habe ich schon Zwillinge betreut, die in derselben Minute geboren sind.

Petra:
>> Frühzeitig stand fest, dass meine Kinder per Kaiserschnitt auf die Welt kommen würden. Im Aufklärungsgespräch mit dem Geburtshelfer erfuhr ich, dass sie mit einem geringen Abstand geboren werden würden. Der eine kam um 8:38 Uhr und der andere um 8:39 Uhr auf die Welt.

Wiegen Zwillinge bei der Geburt genauso viel wie Einlinge?

Dorothee:
》 Zwillinge sind bei der Geburt, auch wenn sie reif geboren werden, kleiner als ein Einling. Woran liegt das?

Zum einen liegt es daran, dass Zwillinge nur etwa bis zur 30. Schwangerschaftswoche wie ein Einling wachsen. Im letzten Drittel werden sie dann langsamer dicker und wiegen am Termin knappe 3 kg. Zum anderen kommen Zwillingskinder meist einige Tage vor dem errechneten Termin auf die Welt. Eineiige Zwillinge werden meist bis zu drei Wochen, zweieiige meist zwei Wochen früher geboren.

So kommt es, dass Zwillinge bei ihrer Geburt durchschnittlich »nur« 2500–2800 Gramm wiegen und 47–49 cm lang sind. Ein Einling wiegt am Termin circa 3500 Gramm und misst 50 cm, kann aber auch 4500 Gramm wiegen und 56 cm groß sein. Diese Maße erreichen Zwillinge in der Regel nicht und das ist auch gut so. Schließlich tragen die Mütter nicht nur einen Zwilling, sondern beide aus und bringen es damit auch auf rund fünf Kilo Gewicht der Kinder! Die sehr seltenen Ausnahmen, in denen Zwillinge so schwergewichtig geboren werden, schaffen es ausnahmslos auf die Seiten des Guinness-Buchs der Rekorde. Wie zum Beispiel die 1924 in England geborenen Zwillinge John mit 5,95 Kilogramm und Patricia mit 6,35 Kilogramm. Das Mädchen ist damit das schwerste Zwillingskind, das bisher geboren wurde. ◂

Petra:
》 Natürlich hätte ich mir meine Söhne etwas später und etwas speckiger auf die Welt gewünscht, als sie tatsächlich geboren wurden. Jeder von ihnen kam mit zarten zwei Kilogramm auf die Welt. Andererseits hatte ich an ihrem Gewicht von immerhin gesamt vier Kilogramm – Plazenta und Fruchtwasser nicht mitgerechnet – auch schon ganz schön zu tragen. ◂

Hat man bei der Geburt doppelt so viele Schmerzen?

Dorothee:

>> Ein eindeutiges Nein! Wie bei einer Frau, die ein Kind erwartet, verkürzt sich in der Eröffnungsphase der Gebärmutterhals (Cervix) und der Muttermund öffnet sich vollständig. In der Übergangsphase wandert zuerst der in Führung liegende Zwilling, durch das Becken und kommt auf die Welt. Nach einer Verschnaufpause wird dann der zweite Zwilling geboren. So durchlebt die Mutter nur die letzte Geburtsphase doppelt: das aktive Mitschieben, um beide Kinder auf die Welt zu bringen.

Ein kleiner Ausgleich dafür mag die in vielen Fällen deutlich kürzere Eröffnungsphase sein. Zwillingsmütter starten meist schon mit einer verkürzten Cervix und einem leicht geöffneten Muttermund in die Geburt – im Gegensatz zu einer Einlingsmutter.

Bei einem Kaiserschnitt nimmt die Geburt des zweiten Kindes nur wenige Extra-Minuten in Anspruch. Weder ist der Kaiserschnitt größer – die Kinder sind ja pro Kopf zarter als ein Einling – noch länger oder anstrengender. Den meisten Zwillingsmüttern geht es nach dem Kaiserschnitt objektiv betrachtet besser als einer Einlingsmutter, da die Entlastung des Körpers nach der Geburt von zwei Kindern hier die doppelte ist.

Man kann also mitnichten von doppelten Schmerzen sprechen, aber zu 100 Prozent von der doppelte Freude nach der Geburt!

Petra:

>> Ich hatte Angst vor der Geburt und eventuellen Schmerzen. Sie sank zum Ende der Schwangerschaft hin deutlich. Die beiden sollten endlich kommen! Das, was schmerzhaft war, wäre bei einem »Einlings-Kaiserschnitt« genauso schmerzhaft gewesen. Der kleine Schnitt ist heute unsichtbar und stört nicht.

Ein paar Fakten zu Zwillingen

Wir können mit einer eigenen Statistik aufwarten! Bisher haben 560 Familien an unseren Kursen teilgenommen. Viele davon haben unsere Fragen beantwortet.

Eineiig – zweieiig?!

In unseren Kursen sind rund 15% der Zwillinge eineiig (Basis: 248 Familien). Der Deutschland-Schnitt liegt bei rund einem Drittel.

Wann kommen Zwillinge auf die Welt?

Fast 90 Prozent »unserer« Zwillinge wurden ab der 33. Schwangerschaftswoche geboren, 61 Prozent sogar »reif« ab der 37. Woche (Basis: 323 Familien). Wir konnten beobachten, dass zweieiige Zwillinge häufiger später auf die Welt kommen als eineiige. Den Sonderfall, dass Zwillinge mit einem Abstand von mehreren Wochen geboren werden, haben wir nie erlebt.

Wie kommen Zwillinge auf die Welt?

Von insgesamt 306 Familien entbandenrund 39 Prozent spontan, d. h., die Zwillinge sind vaginal geboren. In den anderen Fällen kamen die Kinder durch einen Kaiserschnitt auf die Welt. Bei vier der 306 Zwillingsgeburten musste das zweite Kind per Kaiserschnitt geholt werden, während Kind 1 spontan geboren wurde.

Wie viel wiegen Zwillinge bei der Geburt?

Mit Bezug auf 410 Kinder können wir sagen: Zwillinge sind eher leicht!
- Nur 11,7 Prozent der Kinder wogen bei der Geburt über 3000 g.

- Etwa 38 Prozent der Zwillinge brachten zwischen 2500 und 3000 g auf die Waage.
- Fast 30 Prozent kamen mit einem Gewicht zwischen 2000 und 2500 g zur Welt.
- Und 21 Prozent der Kinder wogen unter 2000 g.

Das schwerste Zwillingskind in unserer Statistik wog bei Geburt 3820 g. Zum Vergleich: Laut dem Guinness-Buch der Rekorde bekam die Italienerin Carmelina Fedele 1955 das schwerste Einlingskind mit 10,2 kg. Nur bei einem »unserer« Zwillingspärchen wogen die Kinder bei ihrer Geburt exakt gleich viel. Der kleinste Gewichtsunterschied lag bei 5 Gramm, die größte Gewichtsdifferenz betrug erstaunliche 1330 g.

Zwillinge stillen – scheint zu klappen!

Beachtliche 83 Prozent der Befragten gaben an, ihre Zwillinge voll- oder teilgestillt zu haben (Basis: 127 Familien), 60 Prozent davon mehr als 12 Wochen lang.

Wie heißen Zwillinge?

315 Familien haben uns verraten, wie ihre Kinder heißen. Nur ein Zwillingspaar wurde tatsächlich Max und Moritz genannt! Fast 10 Prozent der Eltern, wählten Namen aus, die mit dem gleichen Anfangsbuchstaben beginnen. Bei den Jungs führt »Jan« die Namensrangliste an, dicht gefolgt von »Ben«. »Anna« und »Sofia« waren die beliebtesten Namen für Mädchen.

Können beide Zwillinge gleichzeitig auf die Welt kommen?

Dorothee:

» Nein, das geht auf gar keinen Fall. Bei Zwillingsgeburten geht es schön der Reihe nach. Die beiden Kinder sortieren sich im Bauch der Mutter in den letzten Schwangerschaftswochen derart, dass ein Zwilling in Führung kommt und dann als erstes den Weg durch das Becken antritt.

Das Becken der Mutter bietet unterschiedliche Räume, die bei der Geburt verschiedene Drehungen des Kindes erforderlich machen, um sowohl mit dem Köpfchen oder dem Po als auch mit den Schultern auf die Welt zu kommen. Und diesen Weg nimmt immer nur ein Kind nach dem anderen. Seien Sie ganz unbesorgt!

Man kann auch nicht sagen, dass eine Zwillingsgeburt doppelt schwer ist. Da Zwillinge von Natur aus leichtgewichtiger als Einlinge sind, wird die »doppelte« Arbeit durch das geringere Geburtsgewicht eines jeden Kindes ausgeglichen und das zweite Kind ist sowieso meist ruckzuck auf der Welt. ◂

Petra:

» Wie kommen die Kinder auf die Welt? Irgendwie – ganz lange habe ich mir gar keine Gedanken darüber gemacht. Doch im Laufe der Schwangerschaft fragte ich mich schon: Wie soll das gehen? Vor allem das Einzelkind und die Psychologin in mir waren neugierig: Wer wird der Erste sein? Und was macht das mit den beiden? Leider hat es mir damals niemand genau erklärt, ob die Kinder tatsächlich nacheinander auf die Welt kommen oder sich gegenseitig Arm in Arm hinausschubsen in die Welt. Doch die Kinder regelten das für mich: Einer lag schon sehr früh fest im Becken, der andere schwamm munter im oberen Gebärmutterbereich herum und erntete Tritte von unten, wenn es zu wild wurde. Mir wurde schnell klar: Das muss schon nacheinander gehen, gleichzeitig wird das nichts. ◂

Wann kommt die Nachgeburt?

Dorothee:

» Die Geburt eines Kindes verläuft immer so, dass zuerst das Kind und dann der Mutterkuchen (Plazenta) geboren werden. Das gilt für eine vaginale Geburt genauso wie für eine Kaiserschnittgeburt und für eine Einlingsgeburt genauso wie für eine Zwillingsgeburt. Die Natur hat dies weise geregelt, da die Plazenta Neugeborene nicht nur während der Geburt, sondern auch noch während ihrer ersten Atemzüge versorgt.

Werden Zwillinge geboren, kommt dementsprechend das zuunterst liegende, führende Kind auf die Welt und bleibt durch die Nabelschnur bis zum Abnabeln mit der Plazenta verbunden. Das ist kein Problem, denn die Nabelschnur ist zwischen 50 und 100 cm lang, genug Spielraum, um nach der Geburt gemütlich auf der Brust der Mutter zu liegen und erst einmal ankommen zu können.

Der zweite, oben liegende Zwilling macht sich danach auf den Weg. Erst wenn auch das zweite Kind gut auf die Welt gekommen ist, haben die Plazenten ihre Aufgabe erfüllt. Dann kann die eine gemeinsame oder können die beiden getrennten Plazenten auf die Welt kommen, was meist in der nächsten halben Stunde nach der Geburt des zweiten Zwillings geschieht.

Sollte sich doch einmal die Plazenta oder eine der beiden Plazenten vorzeitig lösen, bevor beide Kinder geboren sind, was fast niemals vorkommt, wird das zweite Kind in nur wenigen Minuten mit einem Kaiserschnitt auf die Welt gebracht. Die Versorgung des noch ungeborenen Kindes ist dann nicht mehr gesichert. Ein Kaiserschnitt kann in allen noch so kleinen Geburtskliniken jederzeit gemacht werden, darauf sind Hebammen und Geburtshelfer, vor allem bei Zwillingsgeburten, immer vorbereitet. «

Wie wird das erste Kind versorgt, während das zweite auf die Welt kommt?

Dorothee:

›› Werden Ihre Kinder vaginal geboren, sorgt meist eine natürliche Wehenpause nach der Geburt des ersten Zwillings dafür, dass Sie Ihr erstes Kind in Ruhe begrüßen können. Das Baby wird Ihnen direkt nach der Geburt auf die Brust gelegt. Beginnen erneute Wehen, damit auch Ihr zweiter Zwilling auf die Welt kommt, wird Ihr Erstgeborenes warm eingepackt in einem Bettchen neben Ihnen sein oder nach vorheriger Absprache von einem Kinderarzt untersucht werden. Vielleicht ergibt es sich auch, dass das erste Kind bei Ihnen liegen bleibt, während das zweite geboren wird. Oder Ihr Partner behält das Baby auf dem Arm. Sie werden merken, was das Richtige für Sie ist.

Kommen Ihre Zwillinge durch einen Kaiserschnitt auf die Welt, werden zwei Hebammen oder eine Hebamme und eine weitere Person aus dem Betreuerteam Ihre neugeborenen Kinder in einem warmen Tuch entgegennehmen. Die beiden werden in sehr kurzem Abstand von meist nur einer Minute geboren und dann zeitgleich von je einem kinderärztlichen Team in einem Nebenraum versorgt. Oft kann der frischgebackene Vater mit dabei sein und die Kinder begrüßen. Haben sich beide Kinder gut an ihr neues Leben gewöhnt und sind sie versorgt, bringt die Hebamme die Kinder zu Ihnen. Jetzt können Sie die beiden in Ruhe begrüßen, während Ihr Bauch versorgt wird. ‹‹

Petra:

›› Meine Zwillinge wurden per Kaiserschnitt geboren, auf eigenen Wunsch in Vollnarkose. Für mich war es beruhigend, vorher zu wissen, wie die Kinder direkt nach der Geburt versorgt werden, solange ich in Narkose war. Der Kinderarzt und die Hebamme beschrieben mir im Vorgespräch alles genau. Und so ist es auch abgelaufen, wie mein Mann mir versichert hat! ‹‹

Sind die Nachwehen nach einer Zwillingsgeburt stärker?

Dorothee:

» Nach einer Zwillingsgeburt sind rückbildende Kontraktionen der Gebärmutter nicht unbedingt stärker. Die sogenannten Nachwehen werden von Frauen nach der ersten Geburt meist als nicht sehr intensiv empfunden – egal ob Einlings- oder Zwillingsgeburt. Auch wenn Sie in Ihrer Gebärmutter zwei Kinder austragen, sind Ihre Zwillinge nicht doppelt so groß wie ein am Termin geborenes einzelnes Kind. Und die Gebärmutter benötigt keine heftigeren Nachwehen. Allerdings wird die Rückbildung durch das Stillen bestens unterstützt. Legen Sie zwei Kinder an die Brust, wird die Gebärmutter dadurch stärker angeregt.

Ab der zweiten Geburt allerdings ist die Gebärmutter deutlich weicher und schon etwas beansprucht. Hier sind für die Rückbildung intensivere Nachwehen nötig, die von den Müttern auch deutlicher gespürt werden. Nachwehen werden ganz physiologisch von Kind zu Kind stärker. Hebammen und Geburtshelfer wissen um diese Besonderheit und werden Sie im Wochenbett mit allen Möglichkeiten unterstützen. Es gibt neben homöopathischen Mitteln, Akupunktur und Heilteemischungen auch entkrampfende und schmerzlindernde Medikamente, die Sie in der Stillzeit bedenkenlos einnehmen dürfen. ◄

Petra:

» Die Nachwehen nach der ersten, der Zwillingsgeburt, habe ich als viel stärker empfunden als die nach der zweiten Geburt! Ich bin mir sicher, dass dies daran lag, dass die Nachwehen mich unvorbereitet getroffen haben. Das Krankenhausteam hat mich sofort gut versorgt, ich war da eher der Schmerzmitteltyp und wollte alternative Mittel gar nicht austesten. Bei meiner zweiten Geburt war ich offener für alternative Methoden und bin mit Tee und Globuli gut über die Runden gekommen. ◄

Sind bei einer Zwillingsgeburt immer zwei Ärzte und zwei Hebammen mit dabei?

Dorothee:

>> Genaugenommen handelt es sich auch bei der Geburt von Zwillingen um »nur« eine Geburt und es gilt, eine Mutter zu begleiten. Bei allen Geburten in Deutschland besteht die gesetzliche Pflicht, eine Hebamme hinzuzuziehen, ohne sie darf eine Geburt nicht stattfinden. Die Berufshaftpflicht-Versicherung verlangt wiederum, dass bei der Geburt von Zwillingen ein geburtshilflicher Facharzt anwesend ist, sodass eine Zwillingsgeburt also immer von einer Hebamme und einem Arzt betreut wird. Diese Betreuung durch zwei Fachleute ist vollkommen ausreichend, um neben den werdenden Eltern auch zwei Kinder bestens auf dem Weg in die Welt zu begleiten.

Viele geburtshilfliche Teams bieten eine erweiterte Betreuung an. In der Hausgeburtshilfe beispielsweise arbeiten Hebammen oftmals zu zweit. Auch viele Beleghebammen begleiten in der Geburtsklinik werdende Zwillingsmütter unter der Geburt zu zweit und rufen in der letzten Etappe einen Facharzt dazu. In der Geburtsklinik besteht das Kreißsaalteam meist aus einer Hebamme, eventuell einer Hebammenschülerin, einem Assistenzarzt und einem ausgebildeten Facharzt für Geburtshilfe – sodass durchaus zwei Hebammen und zwei Ärzte bei der Geburt anwesend sein können. Dazu kommen in den meisten Kliniken ein Anästhesist und ein Kinderarzt, die bereitstehen. ◂

Petra:

>> Ich hatte das Glück, in einer Hebammen-Ausbildungsklinik zu entbinden, und war während meines Aufenthalts dort häufig von reizenden Hebammenschülerinnen umgeben, die mir Gutes tun wollten. Bei der Geburt waren viele Menschen anwesend, was mich nicht sonderlich gestört hat. Ich kannte den Facharzt, das hat mich beruhigt. ◂

Wie kann ich sicher sein, dass die Zwillinge nicht vertauscht werden?

Petra:

» Das ist natürlich eine schreckliche Vorstellung, denn Sie haben viele Monate mit den Kindern im Bauch verbracht und wissen ganz genau, wie die beiden so sind. Lukas, der unten immer herumtobte, während Leon friedlich im oberen Bereich der Gebärmutter döste. Auch Kliniken wollen, dass Lukas Lukas und Leon Leon bleibt. Beide Kinder erhalten direkt nach der Geburt ein Armbändchen, auf dem bei uns zunächst ganz unspektakulär »Lersch 1« und »Lersch 2« stand. Dies wurde auf unser Drängen schnell durch die richtigen Namen, die schon lange feststanden, ersetzt. Dieses Band bleibt am Arm, bis Sie es zu Hause abnehmen. Verwechslung ausgeschlossen. Fragen Sie bei Ihrem Geburtsplanungsgespräch in der Klinik Ihrer Wahl einfach nach, wie es dort gehandhabt wird. Keine Angst, niemand wird Sie für eine überkandidelte Schwangere halten, sondern Ihre Besorgnis ernst nehmen. Wenn nicht, ist es vermutlich eh nicht die richtige Geburtsklinik für Sie! «

Dorothee:

» Ich habe in den vergangenen 22 Jahren meiner Hebammentätigkeit und den drei Ausbildungsjahren nie einen solchen Fall erlebt oder davon gehört. Gerade bei Zwillingsgeburten bekommt jedes Kind, kaum hat es seinen ersten Atemzug getan, ein schon vorbereitetes Namensbändchen angezogen – mit Sicherheitsverschluss. Die moderneren Geburtskliniken benutzen gar ein Armband mit Sicherheitscode und Alarmsignal, dessen Pendant die frisch gebackenen Mutter um das Handgelenk trägt, solange alle in der Klinik versorgt werden. Zudem ist es üblich, dass Neugeborene nur so kurz wie nötig von der Mutter getrennt werden. Alle Geburtskliniken bieten das sogenannte »Rooming-in« und Familienzimmer an für eine optimale Eltern-Kind-Bindung. «

Willkommen zu Hause!

Nun beginnt der spannende Alltag mit dem Doppelpack. Freuen Sie sich darauf, mit den beiden die Welt mit neuen Augen zu entdecken.

Dauert das Wochenbett doppelt so lange?

Dorothee:

❯❯ Nein – leider und glücklicherweise nicht. Leider, weil das Wochenbett eine wunderbare erste Zeit mit den Babys ist, in der Sie Ihre Kinder intensiv kennenlernen und als Familie zusammenwachsen. Vielleicht erleben Sie sich umsorgt und verwöhnt als »Königin im Wochenbett« und können sich von der Geburt erholen. Glücklicherweise hat das Wochenbett ein Ende, weil es irgendwann an der Zeit ist, in den Alltag zurückzukehren. Auch Ihre Kinder wenden sich jetzt am Ende ihrer Neugeborenenzeit immer mehr ihrer Umgebung zu, um diese zu erkunden und kennenzulernen. Das Wochenbett dauert nach jeder Geburt, ob Einling oder Zwilling, erstes oder fünftes Kind, sechs bis acht Wochen. Die ersten vierzehn Tage bezeichnet man als Frühwochenbett, danach schließt sich das Spätwochenbett an. In dieser Zeit bildet sich die Gebärmutter zu ihrer gewohnten Größe zurück und findet ihren Platz wieder im kleinen Becken. Der Wochenfluss versiegt nach vier bis sechs Wochen, auch nach der Geburt von Zwillingen. Früher wurden Frauen im Wochenbett auch »Sechswöchnerin« genannt. Die Katholiken feiern 40 Tage nach Jesu Geburt »Mariä Lichtmess« und damit das Ende von Marias Wochenbett. Auch in anderen Kulturen gibt es sehr schöne Feste und Rituale, um Mütter und Kinder in die Gemeinschaft aufzunehmen. ❮

Petra:

❯❯ Einen Teil meines Wochenbettes habe ich leider nicht mit meinen Kindern zu Hause, sondern pendelnd zwischen Klinik und zu Hause verbracht. Das war anstrengend, ich habe es trotzdem als Zeit des »Familiewerdens« erleben können, dank des sehr gut unterstützenden Krankenhausteams. Nur der Aspekt des eigenen Umsorgt- und Verwöhntwerdens entfiel leider. Als unsere Söhne endlich nach Hause kamen, wurde ich tatkräftig von meinem Mann unterstützt und kam etwas mehr zur Ruhe. ❮

Darf ich zwei Hebammen mit der Nachsorge beauftragen?

Dorothee:

›› Nein, das geht nicht und ist auch nicht notwendig oder sinnvoll. Eine Hebamme kann sehr gut und kompetent einen Zwilling nach dem anderen, dann die Mutter untersuchen und alle zwillingsspezifischen Fragen klären.

Die Krankenkasse bezahlt in den ersten zehn Tagen den täglichen Besuch einer Hebamme, danach weitere 16 Besuche, bis Ihre Kinder acht Wochen alt sind, und Betreuung in Fragen der Ernährung bis zum ersten Geburtstag. Zwei Hebammen, die sich jeweils um ein Kind kümmern oder im Wechsel zu Ihnen kommen, bringen zu viel Unruhe.

Ich habe viele Jahre im eigenen Praxisteam gearbeitet. Obwohl wir zu viert waren, haben wir genau darauf geachtet, die von uns betreuten Frauen im Wochenbett maximal zu zweit im Wechsel zu besuchen. Es ist eine unserer Aufgaben, Ruhe in diese Zeit zu bringen. Das funktioniert besser, wenn sich Hebammen in der Nachsorge nicht permanent abwechseln. Denn es führen viele Wege zum Ziel, aber nicht, wenn Sie im Zickzack unterwegs sind.

Sollten Sie mit der Hebamme unzufrieden sein, dürfen Sie nach Absprache die Betreuung beenden und eine andere Kollegin suchen. Es ist wichtig, dass in dieser sensiblen Zeit die »Chemie« stimmt. ‹‹

Petra:

›› Meine Hebamme hat sich um mich gekümmert und mir gezeigt, wie ich meine Kinder allein versorgen kann. Mich hätte es wahnsinnig gemacht, immer jemanden um mich herum zu haben. Ich wollte möglichst früh in der Lage sein, den normalen Alltag mit den beiden alleine regeln zu können. Dazu war meine Hebamme ein gutes Modell. ‹‹

Geht der große Bauch jemals wieder weg?

Dorothee:

» Eindeutig ja und dazu müssen Sie nicht Heidi Klum heißen und einen Personal-Trainer an Ihrer Seite haben. Der Bauch braucht einfach Zeit – immerhin hat es neun Monate gedauert, bis Ihre Zwillinge darin herangewachsen sind. Bleiben Sie geduldig mit sich und Ihrem Körper. Die ersten Wochen nach der Geburt dienen der Erholung. Ihre Hebamme wird behutsam bereits im Frühwochenbett leichte Übungen mit Ihnen machen. Nach acht Wochen können Sie einen Kurs zur Rückbildungsgymnastik besuchen und Ihre Beckenboden- und Bauchmuskeln stärken. Manchmal braucht der Körper zusätzlich gezielte Unterstützung durch Physiotherapie oder Osteopathie. ◂

Petra:

» Ich war es einfach leid! Ich wollte endlich meine Füße mal wieder von oben anschauen. Insgeheim freute ich mich auch schon wieder auf meine Jeans, die vor der Schwangerschaft gepasst hatte. Da war ich allerdings etwas voreilig. Zwar sah ich sofort nach der Geburt meine Füße wieder, meine alte Figur ließ allerdings auf sich warten. Erst als ich regelmäßige Übungen machte, kam ich zu meiner Wunschfigur zurück. ◂

Wie lange dauert es, bis ich die beiden unterscheiden kann?

Petra:

» Zweieiige Zwillinge kann man naturgemäß meist sehr gut unterscheiden. Doch wie sieht es bei den eineiigen aus? Es war meine größte Sorge, dass ich meine Kinder zu Hause verwechseln würde. Doch wie so oft löste sich diese Befürchtung schnell auf. Zunächst gab es wundervolle Namensbändchen, die wir aus der Klinik mitbrachten. Als diese zu klein wurden, machte sich Panik in mir breit. Erst viele Jahre später habe ich von Dorothee in unserem Kurs den Tipp gehört, ein größeres Namensbändchen zu basteln. Darauf bin ich damals nicht gekommen und habe mich deshalb an einem Vormittag entschieden, den Unterschied zwischen meinen wenige Wochen alten eineiigen Jungs zu finden. Ich habe sie sehr genau begutachtet und fand: unterschiedlich geformte Ohrmuscheln. Nun hatte ich mein Merkmal, das mir Sicherheit gab. Und was soll ich sagen: Wenige Tage später musste ich gar nicht mehr auf die Ohren schauen. Es funktionierte einfach, ohne dass ich sagen könnte, weshalb. Das gleiche Phänomen schildern viele Eltern, irgendwann macht es »Klick« und man unterscheidet sie wie selbstverständlich, ohne zu wissen, woran nun genau. Übrigens, die einzige, die von klein auf immer völlig sicher war, welcher ihrer Brüder gerade mit ihr spielte, war die jüngere Schwester der beiden! ◂

Dorothee:

» Wir haben uns immer sehnlichst gewünscht, eineiig zu sein und die anderen an der Nase herumzuführen. Wie gerne hätte ich die Physiktests und meine Schwester die Deutscharbeiten für uns beide geschrieben. Erstaunlicherweise haben sich manche Menschen, obwohl wir, die eine blond, die andere schwarzhaarig, so einfach zu unterscheiden waren, hartnäckig dagegen gesträubt, sich zu merken, wer von uns Christina und wer Dorothee ist. ◂

Bezahlen die Krankenkassen automatisch eine Haushaltshilfe?

Petra:
» Eine Haushaltshilfe nach der Entbindung ist hilfreich, sie zu bekommen allerdings nicht immer einfach. Nur gesetzliche Krankenkassen zahlen in bestimmten Fällen für eine Haushaltshilfe, private Krankenkassen nur bei einer zusätzlich abgeschlossenen Versicherung. Voraussetzung für den Anspruch nach einer Entbindung ist stets, dass keine andere im Haushalt lebende Person den Haushalt weiterführen kann. Ihr Arzt muss im Antragsvordruck der Krankenkassen Komplikationen oder eine Erkrankung nach der Entbindung attestieren. Basierend auf Ihrem Antrag prüft der medizinische Dienst Ihrer Krankenkasse, ob die Voraussetzungen vorliegen. Erfahrungsgemäß unterscheiden sich die verschiedenen Krankenkassen in dieser Beurteilung.

Wird Ihnen eine Haushaltshilfe genehmigt, stellt die Krankenkasse eine Liste mit karitativen Einrichtungen zur Verfügung, bei denen Sie anfragen können. Sollten Sie selbst jemanden gefunden haben, zahlt die Krankenkasse einen Zuschuss, sofern diese Person nicht mit Ihnen verwandt ist. Für wen Ihre Krankenkasse finanzielle Zuschüsse in welcher Höhe zahlt, sollten Sie in jedem Fall schon vor der Entbindung klären. Lassen Sie sich den entsprechenden Antrag zuschicken und besprechen Sie mit den zuständigen Sachbearbeitern, was Sie speziell beachten müssen. «

Dorothee:
» Die Antragsstellung für eine Haushaltshilfe ist oft zäh und frustrierend. Behalten Sie einen langen Atem und strecken Sie Ihre Fühler nach allen Seiten aus, um Unterstützung zu finden.

In vielen Orten gibt es mittlerweile Organisationen wie »Wellcome« und »Frühe Hilfen«, die auch für den kleinen Geldbeutel großartige Unterstützung in der Anfangszeit anbieten. «

Dauert der Mutterschutz länger als bei Einlingen?

Petra:
» Die gesetzliche Mutterschutzfrist beginnt sechs Wochen vor der Entbindung. Nur wenn Sie ausdrücklich erklären, dass Sie weiterarbeiten möchten, darf Ihr Arbeitgeber Sie weiterbeschäftigen. Während bei Einlingsgeburten im Normalfall nach der Entbindung eine achtwöchige Mutterschutzfrist, in der auf keinen Fall gearbeitet werden darf, gilt, sind Sie als Zwillingsschwangere zwölf Wochen nach der Entbindung im Mutterschutz. Werden Ihre Kinder vor dem errechneten Termin geboren, verlängert sich nach der Geburt die Schutzfrist um den Zeitraum, der vor der Geburt nicht in Anspruch genommen werden konnte. Ähnliches gilt übrigens in Österreich, während es in der Schweiz keinen verlängerten Mutterschutz für Zwillingsmütter gibt. Sind die Zwillinge Max und Moritz in der 32. Schwangerschaftswoche auf die Welt gekommen, werden die sechs Wochen Mutterschutzfrist, die nicht wahrgenommen wurden, am Ende der zwölfwöchigen Frist nach der Geburt angehängt. Eine Zwillingsmutter kommt also immer auf 18 Wochen Mutterschutzzeit. ◄

Dorothee:
» Eigentlich bräuchten werdende Zwillingsmütter eher vor als nach der Geburt eine längere Mutterschutzfrist. Aus Hebammensicht beginnt der Mutterschutz für Zwillingsschwangere mindestens zwei Wochen zu spät. Werdende Zwillingsmütter sind in den letzten Wochen der Schwangerschaft hauptsächlich mit »Brüten« beschäftigt und sollten dies in aller Ruhe tun können. Das sogenannte Beschäftigungsverbot, das Frauenärzte generell oder stundenweise aussprechen können, kann – wenn nötig – vor dem gesetzlichen Mutterschutz hilfreich sein. Sprechen Sie Ihren Frauenarzt, wenn Sie nicht mehr können, ruhig darauf an. ◄

Kann man für jedes Kind drei Jahre Elternzeit nehmen?

Petra:

❯❯ Nein, Sie können mit Zwillingen nicht insgesamt sechs Jahre Elternzeit nehmen. Durch die Möglichkeit, ein Jahr der Elternzeit zu übertragen, ergibt sich für Zwillingseltern aber doch die Chance, die Elternzeit auf insgesamt fünf Jahre zu verlängern.

Egal wie viele Kinder Sie bekommen: Allen Eltern stehen drei Jahre Elternzeit bis zur Vollendung des dritten Lebensjahres zu. Beantragt die Mutter die Elternzeit, schließt sie sich erst an die Mutterschutzzeit an. Dies führt für die Mutter aber nicht zu einer Verlängerung der Elternzeit über den dritten Geburtstag der Kinder hinaus! Der Vater hingegen kann direkt nach der Geburt der Kinder mit der Elternzeit starten.

Wird Elternzeit von beiden Elternteilen getrennt, abwechselnd, parallel oder nacheinander genommen, bleibt es immer bei der Begrenzung auf drei Jahre.

Für Geburten bis zum 01.07.2015 gilt die Regelung, dass bis zu zwölf der 36 Monate Elternzeit mit Zustimmung des Arbeitgebers bis zum achten Geburtstag genommen werden können. Mit der Einführung des »Elterngeld Plus« bekommen Eltern, deren Kinder nach dem 01.07.2015 geboren werden, die Möglichkeit, 24 Monate ohne Zustimmung des Arbeitgebers auf den Zeitraum zwischen drittem und achtem Lebensjahr zu übertragen.

Bei Zwillingen ist diese Übertragung für jedes Kind möglich. Sie haben insgesamt maximal fünf Jahre Elternzeit für die beiden, wenn Sie zum Beispiel für Max zwei Jahre bis zum zweiten Geburtstag, für Moritz ein Jahr bis zum dritten Geburtstag beantragen. Dann übertragen Sie je ein Jahr auf das vierte bzw. fünfte Lebensjahr der beiden.

Behalten Sie die aktuelle Rechtslage gut im Auge, da sich vieles ändert. Im Anhang finden Sie dazu hilfreiche Adressen. ❮

Stimmt es, dass man doppelt so viel Elterngeld bekommt?

Petra:
» Das kommt auf den Zeitpunkt der Geburt Ihrer Kinder an. Im Juni 2013 entschied das Bundessozialgericht, dass Zwillingseltern für jedes Kind einen Elterngeldanspruch haben. Sind Ihre Kinder zwischen Juni 2013 und dem 1. Januar 2015 geboren, erhalten Sie dieses »doppelte Elterngeld«, wenn beide Elternteile in Elternzeit gehen und einen Antrag für je ein Kind stellen.

Nimmt ein Elternteil Elternzeit und beantragt das Elterngeld für beide Kinder, gibt es volles Elterngeld plus einen Mehrlingszuschlag für ein Kind plus einen verminderten Satz für das zweite Kind. Für Geburten ab dem 1. Januar 2011 können rückwirkend zusätzliche Elterngeldansprüche geltend gemacht werden. Dafür gibt es Stichtage. So müssen Sie für Geburten des Jahres 2011 den Antrag bis zum 31. Mai 2015 bei der Elterngeldstelle einreichen.

Werden Ihre Kinder nach dem 01.01.2015 geboren, gilt für Sie schon die Neuregelung des Elterngeldes bzw. der Elternzeit – das sogenannte »Elterngeld Plus«. Damit tritt wieder – wie vor Juni 2013 – der geburtsbezogene Anspruch bei Zwillingsgeburten in Kraft, so dass das Elterngeld/Elterngeld Plus nur für ein Kind gezahlt wird. Der Mehrlingszuschlag bleibt davon allerdings unberührt. «

Dorothee:
» Meine Eltern glauben diese Regelungen kaum – und freuen sich für alle jungen Zwillingseltern. Als meine Schwester und ich geboren wurden, gab es kein Elterngeld. Es wurden gerade mal 25 DM Kindergeld ab dem dritten Kind gezahlt und ein Kinderfreibetrag für Geringverdiener gewährt. Eine besondere Regelung für Zwillinge war schon gar nicht vorgesehen. Wie gut, dass sich die Zeiten geändert haben. «

Zwillingsimpressionen

Bei den Recherchen zu vielen Fragen fragten wir uns: »Wie empfinden Zwillinge das selbst?« Wir haben erwachsenen Zwillingen ein paar Fragen gestellt – hier sind die Antworten!

Was ist am schönsten daran, ein Zwilling zu sein?

»Wenn wir uns hatten, bedeutete das Glück. Wenn wir zusammen waren, konnte die Welt untergehen. Wir fühlten uns in unserem Zwillings-Miteinander immer reich beschenkt.«

»Ich habe nicht nur eine Schwester, sondern auch eine beste Freundin.«

»Man tickt ähnlich und muss sich nicht ständig ausführlich erklären.«

»Zwillinge sind ein Team, das immer stärker ist als eine einzelne Person.«

»Schön war es, ein klein wenig etwas Besonderes zu sein.«

Was ist am störendsten daran, ein Zwilling zu sein?

»Dass andere Menschen immer so tun, als ob man eine Person wäre.«

»Die ständigen Vergleiche und das Gefühl der anderen, es müsse doch Gemeinsamkeiten geben.«

»Die blöden Nachfragen ›Ihr seid Zwillinge? Ihr seht aber ganz anders aus. Habt ihr dann am gleichen Tag Geburtstag?‹«

»Die Frage danach, wie es denn so sei, als Zwilling. Für mich ist es nichts Ungewöhnliches! Und jetzt fragt Ihr auch noch ...«

»Gleiche Kleidung tragen zu müssen.«

Was erwachsene Zwillinge werdenden Zwillingseltern mit auf den Weg geben…

»… dass sie beide Kinder gleichermaßen intensiv betrachten, Verschiedenheiten akzeptieren und individuelle Neigungen fördern.«

»… den Zwillingen zu überlassen, ob sie sich gleich anziehen wollen. Ansonsten das Zwillingsdasein genießen und daran große Freude haben!«

»Zwillinge sind trotz ihrer Ähnlichkeit zwei unterschiedliche Personen mit individuellen Eigenschaften. Sprecht sie nicht immer als eine Person an und lasst sie nicht immer alles teilen müssen.«

»Die Eltern sollten ihre Zwillingskinder nicht gewaltsam trennen, wenn diese das nicht mögen. Das war niemals gut für uns und brachte uns in Nöte. Das spätere Leben bringt zwangsläufig notwendige Trennungen mit sich!«

»Lasst die Kinder selbst entscheiden, was sie wie machen wollen!«

Akzeptiert es einfach: Der andere Zwilling ist eben »the best friend forever«.

Wann sollte ich mit Rückbildungsgymnastik beginnen?

Dorothee:

❱❱ Unabhängig davon, wie Ihre Zwillinge auf die Welt kommen, werden die Beckenbodenmuskeln durch die Schwangerschaftshormone aufgelockert und das Gewebe durch das Austragen von Zwillingen beansprucht. Nach einer vaginalen Geburt genauso wie nach einem Kaiserschnitt sorgen die ersten Übungen dafür, dass Sie Ihren Beckenboden wieder gut wahrnehmen und kräftigen. Bereits im Frühwochenbett wird Ihnen Ihre Hebamme leichte Übungen zeigen, mit denen sich Ihre Gebärmutter besser zurückbilden und ins kleine Becken zurückziehen kann.

Ab der achten Lebenswoche Ihrer Kinder können Sie mit einem Rückbildungsgymnastikkurs beginnen. Die Übungen sind dann deutlich fordernder, aber natürlich dem körperlichen Fitnesszustand einer Mutter, die gerade das Wochenbett hinter sich gelassen hat, angemessen.

Beginnen Sie den Rückbildungsgymnastikkurs nicht zu früh. Ihr Körper braucht Zeit, bis der Wochenfluss versiegt ist und sich in den ersten Wochen der Alltag mit den Kindern eingespielt hat. Sie können aus medizinischer Sicht nicht zu spät beginnen – Muskeln lassen sich zu jeder Zeit mit regelmäßiger Gymnastik kräftigen. Die Krankenkasse hat die Kostenübernahme allerdings zeitlich eingeschränkt: Der Kurs muss bis zum neunten Lebensmonat der Kinder abgeschlossen sein. ❰

Petra:

❱❱ Der Rückbildungskurs nach der Geburt der Zwillinge hat mir Dorothee beschert und viele andere Zwillingsmütter, mit denen ich lange in Kontakt war. Die Rückbildung an sich hat er grundlegend gefördert, aber für mich war es wichtig, nach einiger Zeit in Ruhe ohne die Kinder einen Kurs speziell zum Beckenbodentraining zu wiederholen. ❰

Reicht meine Milch für beide?

Dorothee:

» In der Stillzeit regelt die Nachfrage das Angebot – Sie können also ausreichend Muttermilch für Ihre Zwillinge produzieren.

Wichtig sind eine gute Vorbereitung und Unterstützung. Denn, wie es im Süddeutschen so schön heißt: Das »Stillgeschäft« erfordert zuerst einen gewissen Einsatz und Zeit, bis Sie sich zu dritt aufeinander eingespielt haben. Bereiten Sie sich schon in der Schwangerschaft mithilfe Ihrer Hebamme und/oder Stillberatern vor.

Nach der Geburt sollten beide Kinder nach eigenem Bedürfnis aus der Brust trinken, um Ihre Milchbildung ausreichend anzuregen. Ob Sie in einer Übergangszeit Säuglingsersatznahrung oder abgepumpte Muttermilch mit der Flasche dazugeben, hängt von vielen Faktoren ab. Lassen Sie sich Zeit und lassen Sie sich vor allem auf die gemeinsame Stillzeit ein. Auch wenn Sie zu Anfang nicht ausschließlich stillen: Zu Hause in den eigenen vier Wänden, mit der Betreuung Ihrer Hebamme und der Unterstützung Ihres Partners werden Sie Ihren Rhythmus finden. Und Sie werden feststellen, ob das ausschließliche Stillen oder eine Kombination aus Flasche und Brust das Richtige für Sie ist. «

Petra:

» Aus vielerlei Gründen konnte ich meine Zwillinge nicht voll stillen. Die beiden saugten nicht richtig, wurden schnell müde, wir hatten Angst, sie würden nicht genug zunehmen. So lief es schließlich auf eine Kombination aus Säuglingsersatznahrung und Brust hinaus, bis ich aus medizinischen Gründen voll abstillen musste. Im Rückblick hätte das Stillen sicherlich mit mehr Unterstützung von außen besser klappen können, wie ich immer wieder bei »unseren« Familien sehe. Ein bisschen schade, aber meine Söhne sind auch so gut gediehen! «

Ist es nicht viel praktischer, mit der Flasche zu füttern?

Dorothee:
» Sowohl Stillen als auch Flaschefüttern hat Vor- und Nachteile. Wenn Sie sich für die Flasche entscheiden, kann eine weitere Person mit füttern und die Ernährung muss nicht allein von der Mutter »geschultert« werden. Für Sie ist das Flaschefüttern körperlich weniger anstrengend. Die Kinder bekommen schneller einen Trinkrhythmus, weil der feste Sauger eher zum Trinken stimuliert. Zum Abstillen ist allerdings ein starker Hormonblocker nötig, um den Milcheinschuss zu verhindern.

Die Vorteile des Stillens sind die Allergieprophylaxe und der Schutz vor Erkrankungen durch Immunglobuline in der Muttermilch. Sie haben die Nahrung für Ihre Kinder immer in der richtigen Temperatur und Menge mit dabei, die zudem viel kostengünstiger als Formulanahrung ist. Natürlich bietet das Stillen für die Mutter eine gute Gesundheitsprophylaxe, was die Rückbildung anbelangt und das Risiko, an Brustkrebs zu erkranken.

Ziehen Sie trotzdem nicht die falschen Schlüsse: Nicht alle Flaschenkinder leiden an Allergien und schlafen ab der sechsten Woche durch. Genauso wenig werden Stillmütter gertenschlank und haben überdurchschnittlich intelligente Kinder.

Zudem funktioniert jede denkbare Kombination aus Stillen und Flasche. Sie müssen sich also nicht unbedingt für das eine oder andere entscheiden. «

Petra:
» Meine Söhne sind kurz teilgestillt und danach komplett mit der Flasche gefüttert worden. Es war eine Erleichterung, dass mein Mann die Kinder mit füttern konnte. Eine meiner Freundinnen hat ihre Zwillinge fast acht Monate teilgestillt: zu Hause in aller Ruhe gestillt, unterwegs per Flasche gefüttert. «

Lieber gleichzeitig füttern oder nacheinander?

Dorothee:

>> Sie können sowohl beide Kinder gleichzeitig stillen bzw. füttern als auch hintereinander jedes Kind einzeln. Generell sollten Sie mit beiden Varianten vertraut sein. Beides hat Vorteile, die Sie nur nachfühlen können, wenn Sie es ausprobiert haben.

Beide Kinder gleichzeitig zu füttern, bedeutet eine enorme Zeitersparnis. Zudem werden Sie Ihren Zwillingen in diesem Moment gleichzeitig gerecht und müssen sich nicht entscheiden, wen Sie zuerst versorgen. Es kommt einfach vor, dass beide im selben Moment Hunger haben. Das Zwillingsstillen bzw. -füttern erfordert ein wenig Übung und einen gut eingerichteten »Essplatz«. Stillen Sie Ihre Zwillinge, kann der saugstärkere Zwilling den Trinkfauleren gut unterstützen. Durch kräftiges Trinken an der einen Brust wird auch der Milchfluss an der anderen angeregt, das trinkschwächere Kind muss dann nur noch schlucken.

Oft empfinden Frauen das gleichzeitige Füttern als anstrengender, da sie sich keinem Kind voll zuwenden können. Gönnen Sie sich deshalb auch mal die Versorgung der Kinder nacheinander. Meist gibt ein Zwilling den Rhythmus vor und meldet sich zuerst. Das zweite Kind wird dann entweder wenig später von alleine wach oder Sie wecken es auf. So können Sie auch gemütlich im Liegen stillen – das geht mit beiden gleichzeitig nicht.

Petra:

>> Ich habe meine Söhne überwiegend gleichzeitig gestillt bzw. gefüttert. Für uns war dies sehr viel angenehmer und ich hatte den Eindruck, dass die beiden schon früh das gemeinsame Gefüttert-Werden genossen. Sie lagen nebeneinander mit leicht erhöhtem Oberkörper auf einem Stillkissen und schauten mich an, während ich ihnen die Flasche gab – eine in jeder Hand.

Gibt es besondere Stillkissen für Zwillinge?

Dorothee:
❱❱ Ja, das gibt es. Und um Zwillinge zeitgleich zu stillen oder zu füttern, ist ein besonderes Zwillingsstillkissen schon fast ein »must-have«. Mittlerweile werden unter dieser Bezeichnung mehrere Varianten angeboten, zum Beispiel von der Firma »Corpomed« oder »Babywild«.

Zwillingsfüttern funktioniert geradezu bequem, wenn Sie einen »Essplatz« im Vorhinein gemütlich und praktisch einrichten. Sehr hilfreich sind: ein Sofa, immerhin wollen Sie zu dritt darauf Platz finden, ein Fußhocker und ein Stillkissen.

Einmal gemütlich platziert, eventuell mit einem Kissen im Rücken, legen Sie das Zwillingsstillkissen auf den Schoß und lassen sich die Kinder nacheinander anreichen. Mit ein wenig Übung nehmen Sie Ihre Zwillinge selbst auf, dazu liegen beide hoch genug und sicher neben Ihnen auf dem Sofa. Dann wird jedes Kind auf einer Seite am besten mit den Füßen unter Ihrem Arm und dem Kopf neben Ihrer Brust (sog. Rückengriff) auf das Kissen gelegt. Auf diese Weise haben sie Ihre Kinder gut im »Griff« und im Blick. Jetzt können die Babys entweder zeitgleich an Ihrer Brust saugen oder die Flasche bekommen. Das Kind, das zuerst fertig ist, kann auf dem Kissen liegend ausruhen. Sind beide Kinder fertig, können Sie eins nach dem anderen zum »Bäuerchenmachen« hochnehmen. ❰

Petra:
❱❱ Leider konnte ich meine Zwillinge aus gesundheitlichen Gründen nur wenige Wochen stillen. Unser Zwillingsstillkissen erwies sich dabei als wichtige Anschaffung, das wir nach Ende der Stillzeit aber auch wunderbar weiter genutzt haben zum Üben der Bauchlage, Ausruhen auf dem Boden und Füttern der Flaschennahrung. ❰

Kann ich meine Zwillinge auch nach einem Kaiserschnitt stillen?

Dorothee:

❯❯ Ja, denn das Stillen von Zwillingen ist unabhängig von der Art und Weise der Geburt. Weder ein geplanter Kaiserschnitt noch eine Geburtseinleitung verhindern das Stillen Ihrer Kinder. Nach einem Kaiserschnitt kann es sein, dass der sogenannte Milcheinschuss etwas zeitverzögert kommt, aber das ist nicht immer zwingend der Fall. Entscheidend ist eine gute Stillbetreuung in den ersten Tagen nach der Geburt. Da Sie sich zwei bis drei Tage nach einem Kaiserschnitt nicht selbst um Ihre Kinder kümmern können, werden Sie in dieser Zeit von den Schwestern und Pflegern der Wochenbettstation tatkräftig unterstützt. Viele Geburtskliniken bieten zudem die Betreuung durch eine Stillberaterin an. Nutzen Sie diesen Service und lassen Sie sich bei den ersten Stillmahlzeiten die Kinder anreichen. Für die Mutter ist es nach einer Kaiserschnittgeburt auch eine große Hilfe und emotionale Unterstützung, wenn der Partner als Begleitperson die ersten Tage mit im Familienzimmer verbringen kann. So kann Ihr Partner die Babys komplett im gemeinsamen Zimmer versorgen und Sie während des Stillens unterstützen.

Zudem ist gerade nach einer Kaiserschnittentbindung das Stillen eine gute Möglichkeit, die Rückbildung der verletzten Gebärmutter zu fördern. ❮

Petra:

❯❯ Die Stillberaterin der Klinik hat mich schnell nach der Geburt hinsichtlich des Stillens beraten. So habe ich recht zügig mit dem Abpumpen begonnen, um den Milcheinschuss anzuregen und meine Söhne mit Muttermilch zu versorgen. Trotz der verfrühten Geburt konnte ich sie mithilfe der Stillberaterin anlegen. Es hat also nicht an der Kaiserschnittgeburt gelegen, dass ich die beiden schlussendlich doch nicht voll stillen konnte. ❮

Können frühgeborene Zwillinge das Trinken an der Brust lernen?

Dorothee:

» Ja, auch Frühchen können das Trinken an der Brust lernen. Sie brauchen nur ihre Zeit, um nachzureifen. Je nachdem, wie früh Kinder geboren sind, ist ihr Saugreflex nur schwach ausgeprägt. Diese Kinder brauchen Geduld und entsprechende Sauger, die ihnen das Trinken erleichtern. Stimulierende Gesichtsmassagen können die Mundmuskulatur anregen und ausgiebiges Kuscheln mit möglichst viel Hautkontakt fördert die Saugreflexe. Haben sie erst einmal gelernt, die Brust zu greifen und anzusaugen, ist das Stillen für sie nicht anstrengender, als aus einer Flasche zu trinken.

Es braucht Geduld und Übung, die sich lohnt, weil Muttermilch Frühchen sehr gut in ihrer Entwicklung unterstützt.

Das in der Muttermilch enthaltene Protein PSTI schütz das unreife Darmgewebe vor den reizenden Verdauungssäften. Die hohe Konzentration von Immunglobulinen und das Laktoferrin wirken wie ein natürliches Antibiotikum. Zudem sorgt das Muttermilch-Eisen für einen nachhaltig gefüllten Eisenspeicher. Trotz dieser wertvollen Inhaltsstoffe, wird Muttermilch mit weiteren Zusatzstoffen angereichert, wenn Kinder vor der 32. Schwangerschaftswoche geboren werden.

Können Frühchen nicht gestillt werden, bekommen sie bis zu ihrem eigentlichen Geburtstermin eine besondere, extra auf die Bedürfnisse von Frühgeborenen abgestimmte Formulanahrung, die sie bestens versorgt. «

Petra:

» Obwohl meine Söhne nur wenig früher geboren wurden, war ihr Saugreflex nicht stark. Letztendlich trauten wir uns nicht, uns komplett auf das Stillen zu verlassen, und fütterten parallel zum Stillen Säuglingsersatznahrung. Das Trinken aus Brust und Flasche haben beide gut geschafft. «

Dürfen Zwillinge dieselbe Flasche bzw. denselben Schnuller benutzen?

Was mache ich, wenn beide gleichzeitig schreien?

Petra:

>> Ruhig bleiben, auch wenn es schwerfällt. Schreiende Babys wollen Sie nicht ärgern, sondern sind in Not. Es ist nicht schön, wenn beide gleichzeitig schreien, aber es kommt sehr viel seltener vor, als andere es Ihnen weismachen wollen.

Wann schreien Babys? Wenn sie Hunger haben, es zu warm oder zu kalt ist, sie krank werden oder ihnen einfach alles zu viel wird. Die guten Nachrichten: Unwohl fühlen sich Ihre Kinder in der Regel nicht beide gleichzeitig und sie werden auch nicht so oft gleichzeitig krank. Außerdem achten Zwillingseltern meist sehr gut darauf, dass die Kinder nicht überfordert sind durch den klaren Rhythmus, den sie mit ihren Kindern leben.

Doch es gibt durchaus Tage, da geht alles schief und beide sind völlig durch den Wind. An solchen Tagen gilt: Augen zu und durch! Machen Sie einen Schritt nach dem anderen! Schalten Sie einen möglichen Faktor nach dem anderen aus. Legen Sie sich mit beiden auf den gepolsterten Boden oder eine Matratze und halten Sie sie im Arm. Oder packen Sie beide in den Kinderwagen und fahren Sie eine Runde an der frischen Luft. Solche Tage gehen vorbei und Sie erleben wieder solche, an denen die beiden herzallerliebst glucksen und lachen! ◂

Dorothee:

>> Ich erlebe diese Sorge in der Betreuung von Zwillingseltern oft – und zuweilen kommt es auch vor. Die Regel ist allerdings, dass Kinder selten über lange Zeit unruhig sind. Bei Zwillingen gilt: Derjenige, der Beruhigung gerade dringend braucht, wird getragen und beruhigt. Sie brauchen dem ruhigeren Kind gegenüber kein schlechtes Gewissen zu haben. Seien Sie gewiss: Ihre Zwillinge werden sich auf kurz oder lang sehr gleichberechtigt abwechseln. ◂

Machen Zwillinge doppelt so viel Arbeit?

Dorothee:
» Machen Sie sich nicht allzu viele Sorgen und lassen Sie sich vor allem nicht verunsichern durch die Kommentare anderer Leute. Denn wie anstrengend es sein kann, malt man sich meist in den schillerndsten Farben aus, aber wie schön es ist, Zwillingskinder zu haben, das merkt man erst richtig, wenn sie da sind. ‹

Petra:
» Zwillinge beschäftigen sich meist früh und gerne miteinander und sind einander genug. Wie oft habe ich neben beiden auf dem Boden gesessen und in Ruhe meine Zeitung gelesen oder Ordner sortiert, während sie glückselig auf dem Bauch liegend sich gegenseitig anrasselten und dabei kaputtlachten! Nein, doppelt so viel Arbeit machen Zwillinge nicht, eher anderthalb Mal so viel. In einem Leben mit Zwillingen entsteht schnell ein gemeinsamer Alltagsrhythmus. Sie stillen z. B. beide Kinder parallel oder geben gleichzeitig die Flasche, später verfüttern Sie die Breimahlzeiten zur gleichen Zeit und der gleiche Löffel geht einmal nach links und einmal nach rechts. Natürlich müssen beide Kinder gewickelt werden, natürlich waschen Sie Wäsche eines Kindes mehr. Sie kochen auch doppelt so viel und schnippeln doppelt so viel Gemüse, aber dafür beschäftigen Sie sich lange gleichzeitig mit beiden und gehen mit beiden Kindern gemeinsam nach draußen zum Spielen oder Spazierengehen. Die meisten Tätigkeiten, die Sie erledigen, erfolgen also wie bei einem Einling, einfach. Anstrengender als mit einem Kind ist allerdings die dauernd geteilte Aufmerksamkeit. Ich habe es immer »stereoschauen« genannt. Was macht der eine gerade, was der andere? Oft war ich am späten Nachmittag sehr müde. Das kennen allerdings Eltern, die mehrere Kinder unterschiedlichen Alters haben, auch! ‹

Werden sie jemals gleichzeitig schlafen?

Petra:

» »Das, was kam, war viel besser!", so ein Zwillingsvater, der größte Befürchtungen hinsichtlich schlafloser Nächte mit zwei Babys auf dem Arm hatte. Zwillinge verbringen ihre Tage gemeinsam und in den allermeisten Fällen werden sie einfach auch gleichzeitig müde. Wenn Sie sie gemeinsam hinlegen, werden sie einschlafen, vielleicht nicht in derselben Minute, aber doch im Abstand von vielleicht einer halben Stunde. Ich will nicht verschweigen, dass es Ausnahmen gibt wie ein krankes Kind, das fiebernd nicht einschläft, oder ein zahnendes Kind, das kuschelbedürftig ist. Auch der Zwilling, der tagsüber mal den Mittagsschlaf sausen lässt, um friedlich neben seinem Bruder vor sich hin zu brabbeln, passt nicht immer in den eigenen Zeitplan. Doch wie so oft macht's der Blickwinkel: Bietet diese Situation gerade tagsüber nicht die Chance, sich einem Kind allein ausgiebig zu widmen?

Dorothee:

» In den ersten Wochen bestimmt die Nahrungsaufnahme den Schlafrhythmus – die Kinder essen, verdauen und schlafen. Ich empfehle Zwillingseltern immer, ihre Kinder gemeinsam, gleichzeitig oder kurz hintereinander, zu füttern. Das erste Kind gibt den Rhythmus vor, das zweite wird geweckt. Bei sechs bis acht Fütterrunden pro Kind bleibt sonst zu wenig Zeit für den Elternschlaf. Dadurch hat sich meist schon ein Rhythmus eingependelt. Für entspannte Elternzeit am Abend sorgt ein frühzeitig eingeführtes Abendritual. Der Tag bekommt so mehr Struktur und die Kinder gewöhnen sich gut an einen Tag-Nacht-Rhythmus. Ich erlebe in der Betreuung durch die Bank weg mäßig müde, dafür aber sehr glückliche Eltern mit ihren Zwillingen, die das Thema »Schlafen« beherzter angehen als Eltern eines einzelnen Kindes.

Wie und wann komme ich mit Zwillingen vor die Tür?

Petra:
》 Seien Sie unbesorgt, das werden Sie schaffen! Es ist natürlich doppelt so viel Arbeit, die Kinder »ausgehfertig« zu machen, aber dies werden Sie mit etwas Planung in einer guten Zeit bewältigen. Der Alltag mit Zwillingen läuft am unkompliziertesten, wenn Mahlzeiten, Ausgehzeiten und Schlafenszeiten Tag für Tag im immer gleichen Zeitfenster von ca. 30 Minuten stattfinden. Planen Sie Ihren Tag entlang dieses Rhythmus am Abend vorher: Wohin möchte ich morgen mit den beiden wann gehen? Packen Sie die Wickeltasche ebenso wie Ihre Tasche vorab, schauen Sie, was Sie schon vorbereiten können für den morgigen Tag.

Stellen Sie sich am besten kurz vor dem Ausgang die Kinderwagenaufsätze direkt neben den Wickeltisch. Legen Sie ein Kind dort hinein, während Sie das andere wickeln und ausgehfertig anziehen – und umgekehrt. Tragen Sie beide Aufsätze zum Kinderwagen und befestigen Sie sie, greifen Sie nach Ihrem Mantel, ziehen Sie Schuhe an, vergessen Sie nicht die gepackte Wickeltasche und Ihre Utensilien und los geht's! ◖

Dorothee:
》 Erst mit unserer Arbeit in den Zwillingskursen fiel mir auf, dass sowohl in der Betreuung nach der Geburt, als auch in Kursen Zwillingseltern häufig besser organisiert sind als Einlingseltern. Zum angekündigten Hebammenbesuch um 12 Uhr öffnen mir Zwillingsmütter in der Regel nie im Nachthemd und ohne gefrühstückt zu haben, die Tür. Auch zur Rückbildungsgymnastik erscheinen sie meist mit zufriedenen, schlafenden Kindern, während die Einlingsmamas noch den Coffee to go in der Hand haben und ihr Baby erst einmal stillen, bevor sie mitturnen können. Zwillingsmamas lernen eben recht schnell, dass gute Organisation mit zwei Babys die halbe Miete ist. ◖

Kann ich beide Kinder gleichzeitig in einem Tragetuch tragen?

Dorothee:

❯❯ Kinder sind Traglinge! In ihrer Studie beschreibt die Verhaltensbiologin Dr. Evelin Kirkilionis die natürlichen Reflexe Neugeborener, die auf das Getragenwerden und die vielen damit verbundenen Vorteile für die Babyentwicklung hinweisen. Frühgeborene können über das sogenannte Känguruhen »nachgebrütet« werden. Auch die Mütter holen so die nicht erlebten Schwangerschaftswochen nach.

Zum gleichzeitigen Tragen von Zwillingen gehören eine fachkompetente Beratung und etwas Übung. Beratung und Anleitung bieten Hebammen und zertifizierte Trageberaterinnen. Die Übung kommt mit den Kindern. Das gleichzeitige Tragen von Zwillingen gibt vielen Eltern das Gefühl, für beide zeitgleich da zu sein und beiden die Nähe zu geben, die sie brauchen.

Zudem hat es ganz praktische Vorteile: Der Transfer durchs Treppenhaus geht viel leichter, wenn ein Kind am Körper getragen wird. Hat ein Zwilling Bauchschmerzen, kann er getragen werden und man hat trotzdem die Hände frei für das zweite Kind. Ich empfehle Eltern immer, für jeden Zwilling eine Tragevariante zu besorgen. So kann ein Elternteil beide Kinder oder jedes Elternteil ein Kind tragen. ❮

Petra:

❯❯ Viele Babys werden gerne getragen. Allerdings nicht alle! Meine Tochter z.B. hat Zeter und Mordio geschrien, weil es ihr offensichtlich zu eng war. Auch wenn zu meiner Zeit die Schlagzeile »Getragene Kinder sind klüger« kursierte, habe ich meine Zwillinge nicht gleichzeitig getragen. Ich konnte es mir für mich nicht vorstellen, es war mir in jeder Hinsicht einfach zu schwer. Brauchten unsere Jungs Trost, haben wir uns eben zwischen sie auf ihre »Spielwiese« gelegt und sie beide gleichzeitig in den Arm genommen. ❮

Reicht für die beiden Minis nicht ein Einlingswagen?

Petra:
>> Zwillinge kommen kleiner und zarter auf die Welt als Einlinge, aber auch Zwillinge wachsen! Ein Kinderwagenaufsatz mit einer Breite um die 40 cm ist für zwei Kinder schon von Beginn an sehr eng und lässt ihnen nach wenigen Wochen erst recht keinen Freiraum mehr. Investieren Sie lieber von Anfang an in einen Zwillingswagen.

Zwillingswagen haben heutzutage nichts mehr mit den riesigen Gefährten gemein, die es vor vielen Jahren gab. Mit einer Breite bis zu 78 cm passen die Modelle nebeneinander durch jede Normtür. Durch die meist versetzte Anordnung der Aufsätze sind auch die Kinderwagen, in denen die Kinder hintereinander sitzen, handlicher und leichter zu fahren. Egal, welches Modell Sie schließlich auswählen: Sie werden gut unterwegs sein und nahezu überallhin kommen. Manche Aufzüge sind zu schmal oder zu eng und auch einige wenige Supermärkte haben noch sehr schmale Kassenzonen. Wir raten werdenden Zwillingseltern daher immer, schon in der Schwangerschaft den Blick dafür zu schärfen, wo sie mit dem zukünftigen Kinderwagen gut durchkommen und wo es knapp werden könnte. ◄

Dorothee:
>> Ein Zwillingswagen ist ungemein praktisch, wenn man zwei Babys hat. Und Sie werden staunen, wie oft Ihnen anerkennend die Tür aufgehalten wird, wenn Sie sich mit dem Gespann nähern. Auch wenn Sie sich manchmal mit Ihrem Gefährt wie ein Schwertransporter vorkommen, mit jedem Entwicklungsschritt wird die Fortbewegung der Kinder flexibler – was für eine wehmütige Freude, wenn der geliebte Wagen den Dreirädern weichen wird. Und dann dauert es nicht mehr lange, bis die beiden nach Ihrem Autoschlüssel fragen. ◄

Kann ich mit zwei Kindern allein an Kursen teilnehmen?

Petra:

❯❯ Eltern-Kind-Kurse sind ein wundervolles Angebot zum Miteinander mit Ihren Kindern und zum Austausch mit anderen Eltern. Ihre Kinder werden aber weder klüger, noch werden sie sich schneller entwickeln, nur weil Sie mit ihnen ein solches Angebot besucht haben! Finden Sie erst einmal in Ruhe Ihren Rhythmus mit den Kindern. Dann können Sie sich auf einen Kurs einlassen.

Oft ist es hilfreich, vorab mit den Kursleitern persönlich zu sprechen. Klären Sie, ob die Babymassage-Kursleiterin eines Ihrer Kinder statt der »Zeigepuppe« massieren würde, so dass Sie in Ruhe jeweils ein Kind massieren können. Vor allem beim Babyschwimmen ist ein Erwachsener pro Kind vonnöten, alle anderen Kursangebote können Sie mit Unterstützung der Kursleiter getrost allein mit den Kindern besuchen. Manchmal fühlt man sich einfach ein wenig fremd in Kursen, die überwiegend von Eltern mit einem Kind besucht werden, denn der eigene Alltag und die darin auftretenden Probleme sind doch oft anders gelagert. Erkundigen Sie sich, ob es eine Zwillingsgruppe in Ihrer Umgebung gibt, und wenn nicht, regen Sie doch die Gründung einer solchen Gruppe bei einem Bildungswerk in Ihrer Nähe an. ◂

Dorothee:

❯❯ Beeindruckt hat mich eine Zwillingsmutter, die sich ihren Wunsch, den Schwimmkurs mit beiden Söhnen zu besuchen, wunderbar erfüllt: Sie buchte zwei Kurse hintereinander. Während sie mit ihrem ersten Sohn im Wasser planschte, wurde der Zwillingsbruder von einem Babysitter betreut. Dann übernahm der Babysitter den Schwimmer, und die Mutter planschte mit Nummer zwei. Auf diese Weise hatte jeder Zwilling »Exklusivzeit« mit Mama und die Mutter Wasserspaß mit beiden. ◂

Brauche ich alles Spielzeug doppelt?

Petra:

›› Das kommt darauf an! Nämlich auf den Geschmack Ihrer Kinder. Schon im Babyalter fanden bei uns erbitterte Kämpfe um eine einzelne Holzrassel statt, die wir trotz größter Bemühungen kein zweites Mal auftreiben konnten. Auch ähnliche Rasseln wurden nicht angeschaut, es musste diese eine sein. Kleinkindern beizubringen, ein Bobby-Car zu teilen, ist nahezu unmöglich. Ein kluger Mensch hat einmal gesagt: »Um teilen zu können, muss man erst einmal besitzen.« Deshalb rate ich allen werdenden Zwillingseltern, bestimmte Spielzeuge direkt doppelt anzuschaffen, um sich den Alltag nicht unnötig zu erschweren. Bobby-Cars gehören ebenso dazu wie Puppenbuggys oder Kipplaster. Sie werden bemerken, welche Favoriten Ihre Kinder haben! Natürlich können Sie unterschiedliche Farben wählen, allerdings kann ich Ihnen nicht garantieren, dass es nicht unbedingt das rote Bobby-Car für beide sein muss. Sie werden bemerken, dass Ihre Kinder durchaus auch Unterscheidungsmerkmale für fast identische Objekte finden werden. Wir haben nie erkennen können, welchem unserer Söhne welches Bobby-Car gehörte. Anders die beiden: Saß einer auf dem falschen, stand er widerspruchslos auf, sobald der Bruder sich vor ihm aufbaute und lautstark »seines« einforderte! ‹‹

Dorothee:

›› Meine Zwillingsschwester und ich hatten schon früh unsere unterschiedlichen Lieblingsfarben, und das wurde von meinen Eltern gerne bei Geschenken und Spielzeug umgesetzt. Natürlich bekam jede eine eigene Puppe oder ein eigenes Fahrrad. Meine Mutter hat außerdem Spielsachen, um die wir uns gestritten haben, schnell aus dem Verkehr gezogen – da haben wir uns dann doch lieber zusammengerissen, ehe eine einzelne attraktive Sache für unbestimmte Zeit im Keller verschwand. ‹‹

Was mache ich, wenn ich nicht weiß, wer der Übeltäter bei Unfug war?

Petra:
» Nun ja, vielleicht sich darüber freuen, dass Ihre Kinder gut zusammenhalten … Scherz beiseite, aber im Erziehungsalltag ist das häufig der Fall und kein spezielles Zwillingsphänomen, denn alle Eltern mit mehreren Kindern können ein Lied davon singen, wie es sich anfühlt, vor einer unschuldig dreinblickenden Kinderschar zu stehen, die beteuert: »Nein, wir können uns überhaupt nicht erklären, wie der Orangensaft auf dem Boden gelandet ist.«

Bei uns stand früh fest: Das war der Heilige Geist, der ist überall und bei uns offensichtlich auch ab und an in nicht ganz so heiliger Absicht tätig. Vielleicht ist es der Humor, der aus einer solchen Situation heraushilft. Wenn man sich auf den Heiligen Geist als Verursacher geeinigt hat, kann man schnell gemeinsam den Boden säubern. Was kleiner und was grober Unfug ist, sieht jeder unterschiedlich. Grober Unfug war für uns eine kaputte Gartenliege, auf der offensichtlich ein Schulkind Trampolin springen geübt hatte. Die Liege überlebte das nicht, obwohl kein Mensch, sondern wieder einmal der Heilige Geist aktiv gewesen war! Nach einem großen Donnerwetter mussten alle Taschengeld abgeben. In anderen Situationen meldete sich sogar derjenige, der verantwortlich war, bei uns Eltern und ließ so seine Geschwister nicht mitbüßen. Meistens allerdings handelt es sich eh um gemeinschaftlichen Unfug und jede Konsequenz wird demzufolge ebenso gemeinschaftlich getragen. ◂

Dorothee:
» Genauso haben wir das empfunden – als Zwillinge und insgesamt als vier Geschwister, die in »Notsituationen« wie Pech und Schwefel zusammengehalten haben! Mein armer Sohn, ein Einzelkind, ist es immer alleine gewesen, und wenn er noch so fantasievoll geflunkert hat. ◂

Wie geht man mit Zwillingen einkaufen?

Petra:

》 Nützt Zwillingseltern der Einkaufswagen, in dem eine Babyschale befestigt werden kann? Der Einkaufswagen mit zwei Babyschalenaufsätzen oder zwei Klappsitzen für Kleinkinder – das wär's! Was kaum jemand weiß: In anderen Ländern wie Dänemark, Island oder Irland findet man diese Wagen tatsächlich – in Deutschland lohnt es sich, beim Händler des Vertrauens nachzufragen. Er kann nämlich einen solchen Wagen bestellen und wird dies vielleicht auch gerne tun, wenn Sie dafür regelmäßige Ihre Windel- und Lebensmittelberge bei ihm beziehen.

Leider wusste ich das nicht. Wir haben meist allein den Großeinkauf gemacht, während der andere die Kinder hütete. Wer mit Kindern einkaufen geht, kann Kleinigkeiten gut im Korb des Kinderwagens verstauen. Eine Babyschale zu befestigen und die andere in den Wagen zu stellen, nimmt zwar viel Platz weg für die Einkäufe, ist aber auch eine Möglichkeit. Oder ein Kind mit einer Tragehilfe zu tragen und das andere im Auto-Kindersitz auf dem Einkaufswagen zu transportieren. Vielleicht fällt Ihnen ja noch eine weitere Variante ein! 《

Ab wann brauchen Zwillinge ein eigenes Zimmer?

Petra:

›› Zwillinge sollten ein eigenes Zimmer bekommen, wenn Sie merken, dass es besser für die beiden ist. Das kann schon im Kleinkindalter sein, meist wird es aber erst in der Schulzeit oder später ein Thema. Pärchen-Zwillinge entwickeln sich oft in der Kindergartenzeit auseinander. Rosa Prinzessinnenzimmer und wilde Piratenhöhlen passen eben nicht so recht zusammen!

Vielleicht sehen Ihre Kinder es nicht so, aber Sie werden bemerken, dass eine Pause im eigenen Zimmer zuweilen gut tut. Die Hausaufgaben am eigenen Schreibtisch zu erledigen, heißt im eigenen Tempo arbeiten zu können, was beide letztendlich genießen werden.

Unsere Söhne bekamen mit sieben Jahren ein eigenes Zimmer. Die meiste Zeit verbrachten sie jedoch gemeinsam in einem der Zimmer, spielend und sich unterhaltend. Merkten wir, dass beide eine Auszeit brauchten, mussten wir zunächst eingreifen und jeden auf sein Zimmer schicken.

Erst mit zunehmendem Alter nutzten sie aus eigenem Antrieb diese Rückzugsmöglichkeit und heute bewohnt jeder sein eigenes Zimmer – selbstverständlich mit einer Gästematratze für den Bruder! Die Nächte verbrachten sie sehr gerne gemeinsam, was wir aber nur während der Ferien und am Wochenende erlaubten. ‹‹

Dorothee:

›› Generationen von Geschwistern, wie auch wir, haben ihre Kindheit gemeinsam in einem Zimmer verbracht und unbeschadet überstanden. Natürlich war jede mal genervt von der anderen oder hätte lieber mal mit der großen Schwester, mal mit dem kleinen Bruder ein Zimmer bewohnt. Letztendlich hat sich jede in eine andere Ecke des Hauses zurückgezogen, wenn sie alleine sein wollte. ‹‹

Schlafen Zwillinge besser in einem Bett oder gleich in zweien?

Petra:

» Zwillinge teilen sich viele Wochen lang die Gebärmutter. Was sie dabei empfinden, wie genau die räumliche Nähe des Geschwisters ihr Wohlbefinden beeinflusst, werden wir leider nie genau erfahren. Wir können nur vermuten, dass sie es mögen. Sie werden häufig beobachten, mit wie viel Geschick und Energie Ihre noch jungen Zwillinge es immer wieder schaffen, sich aneinander heranzuruckeln, und wie die Nähe des anderen sie ruhiger werden lässt.

Ein gesteigertes Risiko des plötzlichen Kindstods durch das gemeinsame Bett von gesunden Zwillingen ist wissenschaftlich nicht belegbar. Studien, die generell das »Co-Bedding« von Eltern und Kind in Frage stellen, sind methodisch angreifbar und können nicht ohne weiteres auf die Zwillingssituation übertragen werden. Oft sorgen sich Eltern auch, dass ihre Zwillinge sich gegenseitig stören in einem gemeinsamen Bett. Das brauchen Sie nicht! Bei uns und bei vielen anderen Eltern schlief der eine Zwilling seelenruhig weiter, wenn der andere krakeelt hat. Beobachten Sie aufmerksam die individuellen Bedürfnisse Ihrer Kinder. Sollte es anders kommen, haben Sie das zweite Bett schnell aufgebaut! All dies spricht dafür, Ihre beiden zunächst in einem Bett schlafen zu lassen. «

Dorothee:

» In der Betreuung von Zwillingsfamilien erlebe ich, dass Zwillinge in den ersten Wochen zu Hause am besten gemeinsam in einem Bett schlafen. Wenn die beiden heranwachsen und sich mehr und mehr ihrer Umwelt zuwenden, kann ein zweites Bett schon mal für einen ruhigeren Schlaf sorgen, weil der Bruder dann nicht immer den Schnuller klauen kann und die Schwester sich nicht immer wieder mit Schmackes über einen rollt. «

Ab wann können Zwillinge fremdbetreut werden?

Petra:

>> Zwillinge können dann fremdbetreut werden, wenn Sie und die Kinder dazu bereit sind – dabei ist es entwicklungspsychologisch und pädagogisch ganz egal, ob ein, zwei oder mehr Kinder stundenweise mit jemand anderem als Ihnen Zeit verbringen. Zwillinge haben es meist etwas leichter, sich von Ihnen zu lösen, denn sie haben eine ganz wichtige Bezugsperson dabei: den Bruder oder die Schwester. Ich selbst erlebe – auch aus eigener Erfahrung – eher, dass die Eltern sich schwertun, ihre Kleinen jemand anderem zu überlassen, egal ob es ein, zwei oder mehr Kinder sind.

Unsere Söhne waren seit ihrem dritten Lebensmonat stundenweise mit Oma oder dem Babysitter allein. Wir hatten zudem eine Kinderfrau, die unsere Familie wunderbar ergänzt hat. Unvergessen ist der Satz meiner schon älteren Kinder: »Mama, musst du nicht mal wieder arbeiten? Wir hatten lange keinen Babysitter mehr hier!« Stress hatte anfangs vor allem ich und ich weiß nicht, wie oft ich mit dem Satz »Ich wollte nur mal hören, wie es so geht!« zu Hause angerufen habe.

Grundsätzlich tut es Kindern gut, wenn die betreuenden Personen möglichst wenig wechseln und sie sich vor der Fremdelphase, die mit circa sieben Monaten beginnt, aneinander gewöhnen. Vor allem aber seien Sie klar über das, was Sie wollen, denn Ihre Kinder »lesen« in Ihnen wie in einem Buch. Wenn Sie Ihre Kinder aus einem Bauchgefühl heraus noch nicht jemand anderem anvertrauen wollen, dann tun Sie es nicht. Es würde vermutlich sowieso nicht klappen. Wenn Sie jemanden gefunden haben, den Sie als Bereicherung für Ihre Familie sehen, wenn Sie überzeugt sind von einer Tagesmutter oder einer Kita, dann trauen Sie sich!

Gibt es auf Zwillinge spezialisierte Kitas oder Tagespflegepersonen?

Petra:

» Unseres Wissens nicht. Wer eine Einrichtung kennt, bitte melden! Eigentlich ist das auch gar nicht nötig und entspricht nicht dem wahren Leben, wenn Zwillinge nur mit Zwillingen zusammen sind. Wichtig ist, dass die Betreuungspersonen um die Besonderheiten der Zwillingsbeziehung wissen und sich vor allem unvoreingenommen schlau machen zum Thema. Ich als Zwillingsmutter tue mich immer schwer mit Allgemeinplätzen, die nur beweisen, dass unreflektiert Vorurteile nachgeplappert werden, wie »Das weiß man doch, dass Zwillinge besser getrennte Gruppen besuchen« oder »Natürlich, wenn Sie den Kindern immer die gleichen Jacken anziehen, da müssen Sie sich nicht wundern, wenn die einen Schaden bekommen« – zwei Beispiele aus dem wahren Leben, die viele Zwillingseltern sicherlich noch ergänzen könnten. Es geht aber auch anders. Unsere Kindergartenleitung kommentierte meinen Wunsch nach einer gemeinsamen Gruppe folgendermaßen: »Sie kennen Ihre Kinder am besten. Wir machen das einfach mal so und möchten nur, dass wir im Gespräch bleiben. Wenn wir das Gefühl haben, es funktioniert nicht, dann können wir die beiden immer noch in getrennte Gruppen geben. Einzige Bedingung: eine Woche sollen sie ein T-Shirt mit ihrem Namen tragen, damit wir lernen, die beiden zu unterscheiden.« ◄

Dorothee:

» Ich wäre selbst niemals auf die Idee gekommen, in einem Chor nur für Zwillinge mitzusingen oder eine Sportgruppe nur für Zwillinge zu besuchen Das klingt für mich eher befremdlich. Für Eltern ist es natürlich toll, wenn man in solchen Gruppen einen Austausch mit anderen Zwillingseltern hat. Ansonsten kommt man mit einer guten Mischung aus Einlingen und seinem Zwilling sehr gut durchs Leben. ◄

Hat man eine Chance auf zwei Kita-Plätze?

Petra:

» Auch Zwillinge haben einen Rechtsanspruch auf einen Kita-Platz! Regionale Unterschiede hinsichtlich der Verfügbarkeit von Plätzen für alle Altersgruppen machen es momentan allen Familien schwer. Was kann man tun? Viele Betreuungsangebote anschauen und offen sein für Neues. Nur weil andere die Kita »Kinderglück« favorisieren, müssen Sie nicht auch dorthin gehen. Vielleicht wäre die für Ihre Zwillinge gar nicht die Beste. Oft haben Einrichtungen, die nicht so begehrt sind, mehr Möglichkeiten, individuell auf die Kinder einzugehen, und es lohnt sich dementsprechend manchmal auch, eine etwas weitere Anfahrt auf sich zu nehmen.

Wir haben damals eine Weile gesucht, da unsere Söhne mit drei starten sollten, und dies auf jeden Fall in einer gemeinsamen Kindergartengruppe. Gerade die gemeinsame Gruppe stellte sich dann in vielen Kindergärten als Hindernis dar. Gelandet sind wir in einem Kindergarten, den ich zu Beginn meiner Suche nicht einmal kannte. Im persönlichen Gespräch überzeugte mich die Kindergartenleiterin und wir sagten sogar heiß begehrte Plätze in der »In-Kita« unseres Wohnortes ab, auf die wir noch einige Monate hätten warten müssen. Ich habe diese Entscheidung nie bereut! «

Dorothee:

» Sie sollten sich als Zwillingseltern bei diesem Thema auf jeden Fall nicht verunsichern lassen. Natürlich werden Sie Sprüche hören wie »Sie nehmen ja gleich zwei Plätze weg« oder »Zwei Jungs, nee das wird schwer« oder »Mit Zwillingen wieder arbeiten gehen – da sollten Sie lieber noch ein Jahr zu Hause bleiben«. Letztendlich klappt dann meistens doch alles ganz gut – bleiben Sie optimistisch und hartnäckig und offen für unkonventionelle Lösungen, Sie könnten ja auch selbst die erste Zwillings-Kita gründen … «

Sollte man Zwillinge in der Kita trennen?

Petra:
>> Bei den Nachbarsmädchen Sophie und Hannah freuen sich die Eltern, dass die Mädchen so gerne zusammen sind. Natürlich gehen sie in eine gemeinsame Kindergartengruppe, damit ihnen der Wechsel erleichtert wird, Sie werden abwechselnd gemeinsam von einer der Mütter gebracht und abgeholt, weil es praktischer ist, und spielen danach noch gerne weiter miteinander. Vermutlich würde sich niemand um die Persönlichkeitsentwicklung der beiden sorgen. Melden Eltern ihre Zwillinge in einer gemeinsamen Gruppe an, weil sie sich so gut verstehen, klingeln aber direkt viele Warnglocken!

Meiner Meinung nach kommt es sehr darauf an, ob die Kinder zufrieden sind. Streiten sie viel, merkt man, dass der eine gerne etwas alleine oder mit anderen machen würde, es aber wegen des Zwillings nicht tut, dann würde ich auf jeden Fall trennen. Wirkt es aber sehr harmonisch, dann nicht. Kinder sind jung, wenn sie mit dem Kindergarten starten! Sie werden vermutlich viele Stunden ihres Tages dort verbringen in einer für sie neuen Umgebung mit vielen anderen Kindern und neuen Bezugspersonen. Meine Zwillinge waren im Kindergarten in einer gemeinsamen Gruppe, in der Grundschule auf eigenen Wunsch in zwei Klassen, auf der weiterführenden Schule bis zur Oberstufe wieder zusammen in einer Klasse. Es ist also nie eine Entscheidung fürs Leben, die man trifft. ◂

Dorothee:
>> Wir waren nicht im Kindergarten und in der Grundschule im Dorf gab es nur eine einzige Klasse – sodass sich diese Frage für meine Eltern nie gestellt hat. Wir sind trotz eng miteinander verlebter Kindheit ganz individuelle Frauen geworden mit eigenen Familien und Lebensläufen. Unsere Freizeit verbringen wir allerdings auch heute noch gerne zusammen. ◂

Danke

Wir danken allen Zwillingseltern, die unsere Arbeit mit ihren detaillierten Fragen bereichern. Es ist immer wieder spannend für uns, was man noch alles herausfinden kann!

Viele erwachsene Zwillingspaare haben unseren Fragebogen offen beantwortet, mit dem wir Theorien, Allgemeinplätze und Vermutungen überprüfen wollten. Die Ergebnisse waren sehr eindeutig, teils verblüffend und oft rührend zu lesen. Wir danken dem Zwillingsclub 1985 Werdau e.V., den Catwins Christian und Andreas Bergel aus Berlin und dem Schweizerischen Zwillingsverein für das Verteilen der Fragebögen unter ihren Mitgliedern. Wir finden Eure Arbeit toll und freuen uns, in Kontakt zu bleiben! Unter unseren Kursteilnehmern gab es viele, die selbst Zwilling sind oder in der Familie bzw. im Bekanntenkreis Zwillinge haben. Danke fürs Weiterleiten und Unterstützen an Euch ebenso wie an die erwachsenen Zwillinge, die teilweise überraschend im eigenen Freundeskreis auftauchten, als wir von unserem Projekt erzählten.

Claudia hält mit viel Geduld und Ausdauer unsere Statistik aktuell. Ohne sie wäre so manches »Aha«-Ergebnis nicht zu Tage gekommen. Frau Claß hat dieses Werk seitens des TRIAS-Verlags mit viel Enthusiasmus begleitet und nicht nur aus Sicht der Programmplanerin, sondern auch aus Sicht einer Einlingsmutter viele hilfreiche Anmerkungen gemacht. Danke dafür!

Und schließlich: Ohne unsere Familien wären wir nichts! Sie alle sind unermüdlich mit am Ball und interessiert, obwohl ein neues Buch wieder weniger Zeit mit uns bedeutet. Wir sind dankbar dafür, dass es Euch gibt!

Service

Zwillingsmythen

Watzlawik M.: **Sind Zwillinge wirklich anders?** Geschwister in der Pubertät. Marburg: Tectum; 2008

Castiello U. et al.: **Wired to Be Social: The Ontogeny of Human Interaction.** Online veröffentlicht bei www.plosone.org am 07.10.2010

Hüther G., Krens I.: **Das Geheimnis der ersten neun Monate.** Unsere frühesten Prägungen. Weinheim und Basel: Beltz; 2013

Nilson, L.: **Ein Kind entsteht.** Berlin: Mosaik; 2009

Herzlichen Glückwunsch, es werden 2!

Cooper C., Hymas K.: **Eltern Wissen – Zwillinge: Schwangerschaft, Geburt und das erste Jahr.** München: Dorling Kindersley Verlag, 2012

Kraft, U.: **Das Leben macht den Unterschied.** Bild der Wissenschaft 2009; 6: 18

Miller, P.: **So ähnlich und doch anders.** National Geographic 2012; März: 62

Krause, M. (Hrsg): **Mehrlingsschwangerschaften: Prä- und perinatales Management.** München: Urban & Fischer; 2007

Jahn-Zöhrens U, Deutscher Hebammenverband (Hrsg): **Entspan.nt erleben: Schwangerschaft und Geburt.** Stuttgart: TRIAS; 2011

Marcovich M., de Jong, T.M.: **Frühgeborene – zu klein zum Leben?** Geborgenheit und Liebe von Anfang an – Die Methode Marcovich. München: Kösel; 2008

Stadelmann I.: **Die Hebammensprechstunde.** Kempten: Stadelmann, 2005

Willkommen zu Hause!

Mutterschutz, Elternzeit und Elterngeld und vieles mehr: Auf der Seite des **Bundesministeriums für Familie, Senioren, Frauen und Jugend** finden Sie unter dem Punkt »Familie« viele aktuelle Informationen und können Broschüren herunterladen oder bestellen: www.bmfsfj.de

Zwillingsstillkissen: www.corpomed.de, www.babywild.de, www.twinznursingpillow.com

Schweitzer, D. **Stillen: Ihre Stillberatung für zu Hause.** Mütter berichten: Das hat mir geholfen. Stuttgart: TRIAS; 2012

Wittmair S.: **Zwillinge stillen,** Wege zu einer harmonischen Stillbeziehung. Landsberg: Luttz v. Gratkowski; 2011

Baumann T.: **Das Baby-Entwicklungsbuch.** Stuttgart: TRIAS; 2009

Service

Cramer, B.: **Von Prada zu Pampas: Eine Fernsehmoderatorin berichtet live vom Wickeltisch.** München: mvg Verlag; 2011.

Iovine V.: **Du wirst das Kind schon schaukeln.** Stuttgart: TRIAS; 2013

Largo R.: **Babyjahre.** Entwicklung und Erziehung in den ersten vier Jahren. München: Piper; 2013

Pantley E.: **Schlafen statt Schreien.** Das liebevolle Einschlafbuch. Stuttgart: TRIAS; 2014

Pantley E.: **Ab ins Bett.** Das liebevolle Schlafbuch für müde Eltern und aufgeweckte Kinder. Stuttgart: TRIAS; 2014

Lenbet A.: **Kita, Krippe, Tagesmutter.** Die beste Betreuung für glückliche Kinder und entspannte Eltern. Stuttgart: TRIAS; 2013

Lenbet A.: **Lotta schläft – endlich.** Einschlafen – durchschlafen – ausschlafen. Stuttgart: TRIAS; 2013

Schloß M. (Hrsg): **Wie Geschwister Freunde werden.** Hamburg: Oberstebrink; 2008

Interessantes zu Zwillingen finden Sie auch auf unserer Facebook-Seite:
facebook.de/Schwanger mit Zwilligen

Stichwortverzeichnis

A
Abpumpen 85
Akupunktur 48
Allergieprophylaxe 82
Anästhesist 66
Antibiotikum 86
Arbeit 89
Armbändchen 67
Atemrhythmus 48
Augenfarbe 19

B
Babyschwimmen 94
Bauchgröße 40
Becken 62
Benachteiligung 30
Bett 99
Beweglichkeit 48
Bezugsperson 16
Blasensprung 49, 55

C
Cervix 43, 56, 59

D
Dominanz 12
Drillinge 57

E
Eifersucht 28
Einkaufen 97
Eisprung 34
Elterngeld 77
Elternzeit 76
Entbindungstermin 49
Entwicklung 24
Epigenetik 18
Ernährung 38
Eröffnungsphase 59
Erziehungsalltag 96

F
Fetofetales
 Transfusionssyndrom 53
FFTS 53
Fingerabdruck 19
Flasche 82
Fremdbetreuung 100
Fruchtwasser 55
Frühgeborene 24, 49
Frühgeburt 49, 50
Fußabdruck 19
Füttern 83

G
Gebärmutter 36
Gebärmutterhals 43, 56, 59
Geburt 47
– Ablauf 57, 64
– Begleitung 66
– einleiten 56, 85
– gleichzeitig 62
– Nachwehen 65
– Schmerzen 59
Geburtsgewicht 58, 60
Geburtstag 17
Geburtstermin 50, 60
Geburtsvorbereitung 48
Geburtsvorbereitungskurs 48
Geheimsprache 23
Gentest 19
Geschwisterfolge 47
Gesichtsmassage 86
Gewicht 58

H
Harmonie 14
Haushaltshilfe 74
Hebamme 66, 71
Heirat 16
Herztöne 10

I
Immunglobuline 82, 86
Individuum 31
Intelligenz 24

K
Kaiserschnitt 48, 52, 53, 54,
 63, 64
– Stillen 85
Kalorienverbrauch 38
Kennenlernen 10
Kinderwagen 93
Kindsbewegungen 46
Kindslage 54
Kita 101, 102, 103
Kleidung 25
Komplikationen 74
Kontakt 22
Körperarbeit 48
Körperwahrnehmung 48
Krankenkasse 74
Kurse 94

L
Laktoferrin 86
Laufenlernen 20
Leopold'sche Handgriffe 46

M
Massage 48
Milcheinschuss 85
Mitgefühl 13
Mobilität 42
Mundmuskulatur 86
Muttermilch 81, 82
Muttermund 56, 59
Mutterschutz 75

Stichwortverzeichnis

N
Nachgeburt 63
Nachsorge 71
Nachwehen 65
Namen 61

O
Osteopathle 72

P
Physiotherapie 72
Planung 91
Plazenta 50, 51, 56, 63
plötzlicher Kindstod 99

R
Reihenfolge 47
Reisen 42
Rooming-in 67
Rückbildung 65, 72
Rückbildungsgymnastik 72, 80

S
Saugreflex 86
Sauna 42
Schlafrhythmus 90
Schmerzen 59
Schnuller 87
Schreien 88
Schwangerschaft 26, 27, 34, 36, 46
Schwangerschaftsmode 41
Schwangerschaftstest 35
Schwimmen 42
Spielzeug 95
Sport 42
Sprache 23
Statistik 60
Sterilitätsbehandlung 29
Stillen 61, 81, 83
– Frühgeborene 86
Stillkissen 84
Streit 14
Streit unter Zwillingen 21
Superfecundation 29

T
Tagesmutter 101
Termin 51, 60
Tragetuch 92
Trinkrhythmus 82

U
Übelkeit 36, 39
Übertragung 51
Ultraschall 37, 46
Unterscheidung 73
Unterschiede, Jungen und Mädchen 44
Unterwegs sein 91, 97

V
Väter, verschiedene 29
Verlieben 15
Verwechslung 67, 73
Vorlieben 11

W
Wehen 55
Wehenpause 57, 64
Wehen, vorzeitige 43, 49
Wochenbett 70

Z
Zimmer 98
Zwillinge
– diamnial-dichorial 50
– monoamnial-dichorial 50
– monoamnial-monochoreal 50
Zwillingsgeburt, spontan 52

Liebe Leserin, lieber Leser,

hat Ihnen dieses Buch weitergeholfen? Für Anregungen, Kritik, aber auch für Lob sind wir offen. So können wir in Zukunft noch besser auf Ihre Wünsche eingehen. Schreiben Sie uns, denn Ihre Meinung zählt!

Ihr TRIAS Verlag

E-Mail Leserservice
kundenservice@trias-verlag.de

Lektorat TRIAS Verlag
Postfach 30 05 04
70445 Stuttgart
Fax: 0711 89 31-748

Impressum

Bibliografische Information der Deutschen Nationalbibliothek
Die Deutsche Nationalbibliothek verzeichnet diese Publikation in der Deutschen Nationalbibliografie; detaillierte bibliografische Daten sind im Internet über http://dnb.d-nb.de abrufbar.

Programmplanung: Simone Claß
Redaktion: Dr. Sabine Klonk

Umschlaggestaltung und Layout:
CYCLUS Visuelle Kommunikation, Stuttgart

Bildnachweis:
Umschlaggestaltung: Dominique Loenicker, Stuttgart
Umschlagillustration: Anja Jahn, Stuttgart
Illustrationen im Innenteil: Anja Jahn, Stuttgart

1. Auflage

© 2015 TRIAS Verlag in MVS
Medizinverlage Stuttgart GmbH & Co. KG
Oswald-Hesse-Straße 50, 70469 Stuttgart

Printed in Germany

Satz und Repro: Fotosatz Buck, Kumhausen
Gesetzt in: Adobe InDesign CS6
Druck: AZ Druck und Datentechnik GmbH, Kempten

Gedruckt auf chlorfrei gebleichtem Papier

ISBN 978-3-8304-3822-9

Auch erhältlich als E-Book:
eISBN (PDF)   978-3-8304-6589-8
eISBN (ePub) 978-3-8304-6590-4

1 2 3 4 5 6

Wichtiger Hinweis: Wie jede Wissenschaft ist die Medizin ständigen Entwicklungen unterworfen. Forschung und klinische Erfahrung erweitern unsere Erkenntnisse. Ganz besonders gilt das für die Behandlung und die medikamentöse Therapie. Bei allen in diesem Werk erwähnten Dosierungen oder Applikationen, bei Rezepten und Übungsanleitungen, bei Empfehlungen und Tipps dürfen Sie darauf vertrauen: Autoren, Herausgeber und Verlag haben große Sorgfalt darauf verwandt, dass diese Angaben dem Wissensstand bei Fertigstellung des Werkes entsprechen. Rezepte werden gekocht und ausprobiert. Übungen und Übungsreihen haben sich in der Praxis erfolgreich bewährt.

Eine Garantie kann jedoch nicht übernommen werden. Eine Haftung des Autors, des Verlags oder seiner Beauftragten für Personen-, Sach- oder Vermögensschäden ist ausgeschlossen.

Geschützte Warennamen (Warenzeichen®) werden nicht besonders kenntlich gemacht. Aus dem Fehlen eines solchen Hinweises kann also nicht geschlossen werden, dass es sich um einen freien Warennamen handelt.

Das Werk, einschließlich aller seiner Teile, ist urheberrechtlich geschützt. Jede Verwertung außerhalb der engen Grenzen des Urheberrechtsgesetzes ist ohne Zustimmung des Verlags unzulässig und strafbar. Das gilt insbesondere für Vervielfältigungen, Übersetzungen, Mikroverfilmungen und die Einspeicherung und Verarbeitung in elektronischen Systemen.

Besuchen Sie uns auf facebook!
www.facebook.com/mama.mag.trias

Abschalten, durchatmen, entspannen

Barbara Kündig
Schwangerschafts-Yoga
€ 17,99 [D]
ISBN 978-3-8304-6654-3

Eliane Zimmermann
Aromatherapie für Sie
€ 14,99 [D]
ISBN 978-3-8304-6865-3

Heike Höfler
Atem-Entspannung
€ 14,99 [D] / € 15,50 [A] / CHF 21,–
ISBN 978-3-8304-8200-0

Alle Titel auch als E-Book

Bequem bestellen über
www.trias-verlag.de
versandkostenfrei
innerhalb Deutschlands

Wissen, was gut tut.

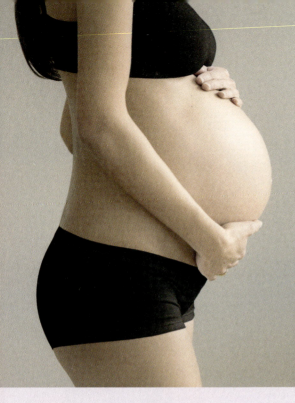

Das Rundum-Sorglos-Paket

Dora Schweitzer
Stillen
€ 14,99 [D]
ISBN 978-3-8304-6663-5

Anne Iburg
Die besten Breie für Ihr Baby
€ 9,99 [D]
ISBN 978-3-8304-6962-9

Renate Huch
Ich bin schwanger
€ 29,99 [D] / € 30,90 [A] / CHF 42,–
ISBN 978-3-8304-6858-5
Alle Titel auch als E-Book

Bequem bestellen über
www.trias-verlag.de
versandkostenfrei
innerhalb Deutschlands

Wissen, was gut tut.